過一個歡樂的宋朝新年

李開周——著

開場白　如果回到宋朝過新年……

當您翻開這本書的時候，一年一度的舊曆新年可能即將到來，或是已經結束，當然也可能才剛剛開始。不管是在什麼時候拿起這本書，只要您尚有閒暇，都希望您感到有趣、歡樂地讀下去。

這本書很薄，也很小，它的內容非常單純，無非就是談談新年，但它所要呈現的並非現在的新年，而是宋朝的新年。

宋朝是一個很有魅力的朝代，這個朝代商業發達，文化繁榮，皇帝有人味兒，大臣有風骨，市井小民的小日子過得比其他朝代舒服得多。在相對寬鬆的政治制度下、在相對自由的文化環境下，宋朝發展出璀璨奪目的經濟成果，自然衍生出多姿多彩的生活方式。從很多方面來看，宋朝非常前衛、非常現代，以至於可以稱之為「前現代社會」。

宋朝這個「前現代社會」距離我們至少已有七、八百年時光，看似遙遠，實際上卻息息相關——中華民族的性格、文化特徵、生活方式、風土人情，幾乎都能從宋朝找到源頭，其中自然也包括傳承至今的新年習俗。

現在我們將舊曆的正月初一叫做「新年」，這一稱呼正是源於宋朝。如宋人筆記《夢粱錄》所載：「正月朔日，俗呼為新年。」

還有，新年之前的祭灶日我們稱為「小年」，這一習慣也是源於宋朝。如另一部宋人筆記《新編醉翁談錄》所載：「臘月祭灶，俗謂之小年。」

一般祭祀灶君，麥芽糖與糖豆粥是必不可少的兩道供品。宋朝時同樣有類似習俗，如宋人筆記《武林舊事》記載：「祀灶用花餳米餌，及燒替代，作糖豆粥。」何謂「花餳」？麥芽糖製作的花式糖果是也。何謂「燒替代」？焚燒金銀紙製作的假元寶是也。時至今日，我們祭灶時仍用麥芽糖來加工花式點心，仍用金銀紙來疊燒各式元寶。

除夕祭祖，臺灣人的供桌上要擺春飯、疊柑塔，而宋朝人的供桌上一樣要「擺春盤」

以及「斗飣柑橘」。「擺春盤」是將不截斷的新鮮蔬菜（類似臺灣人用新鮮芥菜做成的「長年菜」）擺放到盤子裡，上下疊壓好幾層，然後將頂黏紙花的線香插在上面。「斗飣柑橘」則是把供桌上的柑橘疊成一座座縮微版金字塔。熟悉年俗的讀者應該知道，這兩種習俗都和今天非常接近。

在今日，遵守舊俗的老年人過年時會給小孩掛一長串用銅錢或者硬幣串成的壓歲錢，這串壓歲錢的數目通常是一百二十枚，俗稱「吃百二」，意思是希望小孩健健康康，長命百歲，將來活到一百二十歲。我們只要往前追溯，就會發現這正是宋朝宮廷的規矩：每到新年將至，宋朝的后妃們都要備辦「隨年金錢一百二十文」，獻給皇子、皇女。

除此之外，諸如除夕守歲、新正燒香、更換春聯、燃放鞭炮、鄰里饋贈、親友聚宴、新妻歸寧、元宵放燈……如此這般諸多年俗，都能和宋朝遙相呼應，以至於當我們穿越到宋朝過新年的時候，會感覺非常熟悉、非常親切，很容易就能適應，然後和宋朝人一起度過一個既熱鬧又舒心的新年。

但是請大家注意，我並沒有說宋朝年俗和今天完全一致（如果是那樣的話，這本書也沒有存在的必要了），事實上，當時還有許多和現在不一樣、但又相當關鍵的特殊規矩。

舉例言之，我們現代人不太重視冬至，無非把它當成一個普通的節氣。但是在宋朝，冬至卻是一個節日，一個為新年預做準備的重要節日，宋朝人過冬至的熱鬧程度甚至不亞於過新年。冬至在宋朝為什麼會備受重視，以及宋朝人究竟如何慶祝冬至，第二章〈冬至到，新年揭幕〉會有詳細介紹。

再比方說，現在大多數朋友都認為臘月二十三是小年，換句話說，我們習慣在臘月二十三那天祭祀灶君；可是在宋朝，臘月二十四才是小年，宋朝人祭灶的時間比我們晚一天，他們祭灶的方式也很有特色，某些宋朝老百姓甚至認為灶王爺是位女士。讀者諸君如果想一探究竟，敬請閱讀第三章〈祭灶神，送錢送甜〉。

年關將近，置辦年貨是頭等大事，現在商業發達，購物便利，我們可以去超市掃貨，甚至還能在網上購物，足不出戶即可下單。宋朝的商業當然沒今天發達，更沒有電腦資訊技術，網上購物簡直就是天方夜譚，可是宋朝商家卻開創性十足，發明了分期付款訂年貨這樣一種頗具現代風格的銷售方式，而且宋朝小販在新年前後還提供一種兼具購物、抽獎和娛樂功能的「關撲」購物。到底他們如何分期付款？關撲究竟是怎樣一種購物方式？第四章〈買年貨，五花八門〉會一一解答。

現代人生活節奏愈來愈快，與此同時，年味也愈來愈淡，傳統年俗中的除夕守歲已經愈來愈不被重視了。宋朝人則不然，他們每年除夕必定守歲。最奇怪的是，當時守歲完全是小孩子的活動，大人並不參加，換句話說，小兒女要睜大雙眼熬到大年初一，而他們的父母卻像懶鬼似地躲在房間呼呼大睡……宋朝人為什麼會形成這樣一種習俗呢？請您閱讀第五章〈除夕守歲，樂陶陶〉。

除夕當天，甚至早在臘月二十七或者二十八，我們就會早早在自家門上貼春聯、換門神，喜氣洋洋。宋朝人卻要等到大年初一那天凌晨才貼上門神，而且當時的門神也和今天有諸多不同，為了讓現代讀者進一步瞭解大宋年俗，第六章〈春聯、年畫、門神這樣貼〉

專門介紹宋朝的春聯和門神。

總而言之，宋朝新年既有很多和今天相同的習俗，也有很多和今天不同的特色，假如我們回到宋朝，既會感到熟悉與親切，又會感到新奇和不解。但是當您讀完這本書之後，一切困惑都將迎刃而解。

當然，在現實條件下，我們不可能回到宋朝，更不可能和宋朝人一起過新年。我們之所以要探討宋朝年俗，一是比較好玩，二是讓我們獲得一些談天說地的題材，三是可以來一場饒有興味的文化尋根。

或許我們已經沒精力守歲、沒工夫祭祖，甚至連和親人吃一頓年夜飯的機會都不容易獲得，但是總可以抽空瞄一眼歷史，隔著紙面和古人交談幾句，瞭解一下祖先的生活習慣，有助於讓我們更清楚自己的來歷，明白我們的根性打哪兒來，從而讓淡薄的新年變得醇厚一些，讓疲憊的精神變得歡樂一些。您覺得呢？

最後祝您閱讀愉快。

目錄

【叁】祭灶神，送錢送甜

【肆】買年貨，五花八門

【伍】除夕守歲，樂陶陶

【陸】春聯、年畫、門神這樣貼

【柒】大年初一，歡喜拜年

【捌】正月天，無賭不歡

壹

01

放年假
學問大

年年過年，年年放假，新年將近，大家無不指望著年假，那宋朝人呢？不急，先來瞧瞧我們的年假是怎麼放。觀察最近這幾年，臺灣的新年假期通常是這樣放的：除夕放假，初五或初六開工上班。掐指算算，有時放假六天，遇上週休二日，有時放假九天。

至於中國大陸地區也差別不大，從前過年放七天假，初一放假，初八上班；現在還是七天假期，只是放假和上班日均提前一天，改成除夕放假，初七上班。這麼一改，在外地工作的上班族才能及時返家，趕在除夕和家人吃團圓飯，比大年初一才放假合情合理多了。

關於宋朝的公家機關、學生和老百姓怎麼放年假，就讓我們往下看。

南北宋，年假大不同

令人稱奇的是，很長一段時間內，宋朝的新年假期竟然和今天一樣，也是放假七天。

據《宋史．職官志》記載，自宋太宗即位以後，到宋真宗退位以前，歷年元日均給七天長假。除此之外，每逢冬至與寒食，同樣也是七天假期。至於中秋、重陽、端午、七夕等節日，最多只有三天假期，甚至縮減為一天假期。也就是說，宋朝每年長達七天的假日只有三個，即元日、冬至與寒食。

大陸民眾喜歡將七天長假與五天假期稱為「大黃金週」，將三天假期稱為「小黃金週」。照此說法，宋朝人每年通常能享受到三個「大黃金週」，也就是「元日黃金週」、「冬至黃金週」和「寒食黃金週」。

但七天長假並沒能一直持續下去，正如現代政府對傳統節假日的安排會有所變動一樣，大宋朝廷也曾經更改過新年假期。宋人龐元英在《文昌雜錄》中寫道：「包拯為三司使，上言：每節假七日，廢事頗多。請令後，只給假五日，自此始也。」包拯是中國歷史上最有名的清官，宋仁宗在位時，他當過三司使，相當於財政部長，主管全國的財政收支與鹽鐵專賣，工作繁忙，總感覺時間不夠用，恨不得一年三百六十五天變成一年五百天，別人歡迎放假，他這樣的大忙人可不歡迎，於是上書仁宗皇帝，建議將七天長假掐頭去尾，縮短為五天假期。並不是每個人都像包拯那樣勤於公事，七天假期改為五天以後，絕大多數官員都非常不滿，一到過年，不是提前請假，就是藉故拖延上班時間，總要設法將假期延長幾天。所以到了宋徽宗以後，新年假期又從五天恢復到七天。

簡言之，北宋一朝，除了宋太祖時期制度未定以外，宋仁宗與宋神宗時期的新年假期都是五天，而宋太宗、宋英宗、宋真宗、宋哲宗與宋徽宗時期都是放假七天。

北宋滅亡後，南宋建立，金國軍隊先是肆虐中原，繼而渡江南下，攆得南宋小朝廷東奔西竄，最初十幾年連一個固定的首都都沒有。宋高宗先是在河南商丘登上皇位，很快就在金兵追趕之下逃到山東泗水，又逃到江蘇揚州。在揚州還沒站穩腳步，正準備修建宮殿，又趕上官軍嘩變，只好重回山東。不久金兵來攻，高宗又先後逃到鎮江、常州、南京、寧波、臺州、溫州、紹興……最後才在杭州長期駐紮，這時離他即位已有六年了。但在杭州也無法安身，此後六、七年中，宋高宗常常被迫移駕南京，直到紹興十一年（一一四一年）宋金議和，杭州才成為南宋事實上的首都（名義上稱為「行在」，意思是御駕暫時駐紮之地，仍非首都）。這種情況下，南宋朝廷沒有條件也沒有閒暇過年，更不可能頒布一道新年放假幾天的政令。宋金議和以後的第二年（一一四二年），戰火暫且熄滅，天下稍微太平，南宋朝廷總算喘了口氣，宋高宗宣布大赦天下，這一年春節放假五天。自此以後直到南宋滅亡，每年春節假期大致上都是五天。

所以說，如果我們能回宋朝過年的話，一定要選擇北宋，而不要選擇南宋，因為南宋的假期太短，無法多睡兩天補補眠。

皇帝過年也要上朝

對官員們來講，放假並不代表可以回家睡大覺，為了保證國家機器得以正常運轉，放假期間必須安排人員來值班。宋朝官場術語中有一個詞叫「休務」，這個詞常和放假並列，例如朝廷宣布放假之時，一定會註明是否休務。

什麼是休務？就是不值班；什麼是不休務？就是值班。宋太宗雍熙二年（九八五年），朝廷宣布「元日給假七日，休務一日」，意思就是新年放七天假，其中大年初一那天全部不用值班，其餘六天則要輪值。雍熙三年（九八六年），因為北方正在打仗，故此「不休務」，過年歸過年，工作要照常進行，各大機關必須天天有人值班。

以上說的是官員，而皇帝在過年時同樣也要值班。

官員的工作是上班，皇帝的工作是上朝。宋朝皇帝並非每天都上朝（事實上其他朝代的皇帝都不是天天上朝），但是每天都要早起，只要沒有重感冒，早晨六點鐘以前必須起床。

起這麼早幹什麼呢？接受大臣的「常起居」。「起居」在宋朝的意思是請安問好，常起居就是每天向皇帝請安問好。一大早，宰相（宋朝不設宰相，卻有「同中書門下平章事」這種相當於宰相的官職）帶頭，領著副相（參知政事）、國防部部長（樞密使）、國防部副部長（樞密副使）、監察院院長（御史中丞）等高級官員進宮，邁著四方步走到皇帝居住的寢宮外面磕頭問安，三呼萬歲，然後和皇帝聊天幾句，就可以回家睡覺或者回部辦公了。

一般而言，常起居是不談國家大事的，純屬請安閒聊，皇帝真正上朝的周期是五天一次，這叫「常朝會」，意思是按照常例舉行的朝會。舉行常朝會的時候，並非文武百官全都要參加，只有五品以上並且身在京城的大官才有資格，所以其餘官員就沒必要起那麼早了。這樣一來，愈是高官愈辛苦，除了每五天參加一次早朝，每天還要起個大早去向皇帝請安問好，白天又要處理軍國重事，想睡個懶覺都不行。

高官辛苦，皇帝同樣辛苦。大臣每天早起請安，皇帝自然不能躺在床上應答，也要早早地爬起來洗臉刷牙、穿衣打扮，否則顯得不尊重大臣（宋朝皇帝對大臣、（尤其文臣）一向尊重）。每五天搞一次朝會，皇帝是主角，自然更要早起。即使到了過年的時候，皇帝也沒有機會賴床不起，因為每年正月初一要舉行一次規模龐大的朝會，時稱「元日大朝會」（可參照第七章〈大年初一，歡喜拜年〉）。

按照《夢粱錄》的記載，正月初一那天凌晨，大約四點鐘還不到，離天亮還有三個多小時，皇帝已經穿上絳紗袍，戴上通天冠，在宮殿裡焚香禱告祭拜上天了。半個小時後，宮門緩緩打開，宰相率領百官邁步進宮，各國派往大宋賀年的使臣也來了，他們在贊禮官的引導下向皇帝拜年，拜過年剛剛天亮，皇帝是不是可以散朝回去補睡個美容覺呢？不可以，他還得向百官、各國使臣賜宴，並率領大家一起觀賞歌舞與雜劇，直到接近中午的時候，元日大朝會才告正式散場。

地方長官為何不放假？

宋哲宗元祐二年（一〇八七年）除夕，蘇東坡的弟弟蘇轍寫了一首詩[1]，描寫自己如何過年：

七度江南自作年，去年初喜奉椒盤。
冬來誤入文昌省，連日齋居未許還。

這首詩裡，「椒盤」指的可不是一盤辣椒，因為宋朝還沒有辣椒，辣椒直到明朝才進入中國，直到清朝初年才被端上餐桌。這裡的「椒」，指的是花椒。古人迷戀花椒，將其視為特殊香料，用其代表一切美好芳香的事物，如用「椒房」代表香閨，用「椒乳」代表香乳。「椒盤」呢？卻是指春盤。春盤類似今日臺灣新年祭祖時必備的春飯，只不過春飯通常用碗盛裝，而春盤則是用盤子盛放蔬菜，然後在蔬菜上豎插裝飾品，例如插上一朵紙花、一面小旗、一段柏枝、一支線香之類，打扮得熱鬧而肅穆、喜慶而莊重，用來敬神。

蘇轍這首詩的意思是說，以前做地方官沒機會回京過年（他父親蘇洵生前曾在首都開封宜秋門內買房安家，該處房產成為蘇軾與蘇轍兄弟的共同住所），去年好不容易調回京城，終於有機會和家人一起敬神祭祖、圍爐聚宴，今年卻又不行了，因為今年春節他不休務，輪到值班，皇帝不放他回家過年。

這首詩的第一句是「七度江南自作年」，意思是在江南做了七年地方官，一直都是自己過年，不能與親人團聚。為什麼不能與親人團聚呢？因為朝廷不允許。

按照宋朝制度，地方長官除非任期已到、父母亡故或奉有特旨之外，否則不能離開任職所在地，每逢節假也不准回鄉探親。如縣令、知州、知府、節度使、轉運使、安撫使、提點刑獄公事、提舉常平司、提舉茶鹽公事等，均為地方官員，每逢過年，其下屬或能回家過年，唯獨他們身為長官，卻不能離職守半步，敢有違犯，即遭罷免。

朝廷之所以定下如此嚴令，並非不通人情、不近情理，而是因為當時交通偏於落後，假如允許地方長官回家過年，極可能在路上耗費大量時間，耽誤重要工作。

舉例言之，宋英宗治平三年（一〇六六年），蘇洵在開封去世，蘇轍與蘇東坡扶柩還鄉，回眉山老家安葬。從河南開封到四川眉山，現在開車一天一夜就能抵達，可是宋朝一無汽車，二無公路，更無飛機，蘇東坡兄弟二人沿著汴河南下，先進入淮河，再進入長江，從長江逆流而上，歷經千辛萬苦，幾經風濤覆船，一年之後才到達眉山。宋朝地方官的任期一般為三年，假如一個開封人在眉山做官，每年春節都回開封過年的話，返鄉需要一年，回任又需要一年，僅僅為了吃一頓年夜飯，他就得耽誤兩年時間，也不用指望上什麼班了。

南宋詩人陸游著有一部《入蜀記》，大陸出版界將其作為遊記名篇重新出版，其實它是陸游從紹興老家去四川奉節赴任途中寫成的日記，將古代交通之落後與長途旅行之艱險描述得淋漓盡致。宋孝宗乾道六年（一一七〇年）舊曆五月十八，陸游從浙江紹興出發，同樣是走水路，同樣是沿著長江逆流而上，他順風掛帆，逆風拉縴，白天行船，夜晚靠岸，一有大風雨，趕緊去灣裡躲著，等晴天再走。就這樣走走停停，緊趕慢趕，直到這一年的舊曆十月二十七才抵達目的地。總共三千里水程，他老人家走了半年。後來陸游在四川當了六年官，度過了六個新年，期間從未回過紹興一次，一是因為朝廷不允許離開崗位，二是因為路上太難走，太耗時間，即使朝廷允許，他也未必願意回去。

前面舉的兩個例子可能有些極端，無論是從開封到眉山，還是從紹興到奉節，都必須走水路，而且路程都偏遠。如果任職地離鄉較近，是不是就有時間回家過年了呢？答案仍然是否定的。

遙想當年，王安石變法失敗，被迫下野，去南京隱居，期間有人誣陷他謀反，他聽說之後，大驚失色，火速從南京趕往開封向皇帝說分明。這回他走的是陸路，騎的是快馬，結果在路上仍然花了整整七天。前面提過，北宋新年假期一般為七天，設若王安石在南京上任，回開封過年，等他到家的時候，假期已經結束了，再想趕到任上都來不及。

讀者諸君小時候都學過王安石的著名詩句〈泊船瓜洲〉：

京口瓜洲一水間，鍾山只隔數重山。
春風又綠江南岸，明月何時照我還？

京口是今天的江蘇鎮江，瓜洲則位於江蘇揚州，鍾山就是南京的紫金山，這座山的半山腰裡有一座別墅，那是王安石的住宅。當時王安石做著大官，公務繁忙，好幾年沒有回家看看了，這次他路過揚州，在瓜洲停船，想起長江南岸就是鎮江，從鎮江再往西走一百里就是自己的鍾山別墅，思鄉之情自然愈來愈濃，於是才寫下這首詩。

揚州離南京並不遠，假如王安石從瓜洲古渡出發，開車駛過長江大橋，再順著揚溧高速（揚州—溧陽高速公路）駛向南京，加上中途在休息站吃飯、休息和加油的時間，兩個小時絕對足夠，可他為什麼等到「春風又綠江南岸」還不能回家呢？自然還是古代交通太不便利的緣故。

不過宋朝皇帝還是很有人情味的，既然地方官不被允許回家過年，也完全來不及回家過年，那就特許他們帶家屬上任，與老婆、孩子一起在任職所在地過年。

陸游去四川上任的時候，船上除了他自己，還有妻子王氏、大兒子陸子虡、二兒子陸子龍、三兒子陸子修、四兒子陸子坦、五兒子陸子約（陸游共有七個兒子，彼時六兒子和七兒子尚未出生），另外還有三個女兒、三個丫鬟、四個僕人，也一同隨他上任。

蘇東坡年輕時曾在陝西為官，職位是「簽書鳳翔府判官廳公事」，相當於陝西省寶雞市的副市長。副市長不是行政長官，本來可以返鄉過年，但由於路程太遠，蘇東坡同樣沒有回去過。宋仁宗嘉祐八年（一〇六三年）春節，蘇洵和蘇轍在河南過年，蘇東坡在陝西過年，父子三人無法團聚，只好寫詩唱和，以表思念。為了減輕思念之情，蘇東坡上任時也帶了家屬，包括他的妻子王弗（蘇東坡一生娶妻兩次，王弗為髮妻，二十七歲病逝，蘇東坡又迎娶其妹王閏之）、長子蘇邁、乳母任採蓮等人。

事實上，蘇轍做地方官時同樣攜有家小，每年春節都能與其妻子史氏、乳母楊氏、兒子蘇遲、女兒宛娘等人團聚。但是宋朝士大夫宗親思想濃厚，他們眼裡的家庭除了妻兒，還包括父祖、兄弟甚至同族兄弟，蘇轍「七度江南自作年」，連續七年不能與父兄團圓，心情當然鬱悶，當然要寫詩抒發不滿了。

註釋

1. 參見〈三日上辛祈穀除日宿齋戶部右曹元日賦三絕句寄呈子瞻兄〉。

學生的寒假和年假怎麼放？

現在的學生每年都有寒、暑假，春節假期通常在寒假之中，宋朝學生是怎樣放假的呢？

我們先看鄉村學生的假期。宋朝鄉村私塾假期較多，每年放假長達三個月，其中包括一個月春假、一個月秋假、一個月寒假。春假與秋假是為了讓學生歸家幫父母務農，忙完春耕秋種再返校讀書。寒假從舊曆臘月初八開始，到來年正月初八結束。除此之外，每逢春社、秋社、端午、中秋、重陽、冬至，學校也會放假，假期一般為一天。

城市學生假期較短，沒有春假和秋假，只有寒假與暑假，寒假一個月，暑假一個月，加起來總共兩個月假期。

宋朝最高級別的學校是太學，太學生的假期最少，竟然沒有寒、暑假，只是在寒食、冬至與新年各放假三天，加起來每年只有九天假期。不過太學生多為官宦子弟，常常以隨侍父親遠赴外任的理由請假，一請就是好幾個月，年終時再返校參加大考，只要考試合格，仍然有資格出來做官。

宋朝最著名女詞人李清照的丈夫趙明誠年輕時就是太學生，他在開封太學讀書，最大的樂趣是請假跑去大相國寺門口的古玩店鋪觀賞字畫、購買拓片，如果讓他安安生生守在學校裡，一年只有九天可以出來放風，他肯定無法接受的。

整體而言，宋朝太學紀律雖嚴，假期雖少，學風卻相當敗壞。南宋詞人周密是官宦之後，早年在杭州太學讀過書，對太學生生活之糜爛印象深刻，他在《癸辛雜識》後集中寫道：

學舍燕集必點妓，乃是各齋集正自出帖子，用齋印，明書「仰弟子某人到何處祗直本齋燕集」。專有一等野貓兒卜慶等十餘人，專充告報，欺騙錢物，以為賣弄生事之地。凡外欲命妓者，但與齋生一人相稔，便可借此出帖呼之。此事不知起於何時，極於無義，乃所以起多事之端也。

太學生們在宿舍裡聚餐，一定要讓妓女陪酒，通常由該宿舍的舍長寫一封帖子，帖子上寫明請某某妓女到某某宿舍。而且這些太學生自高身價，不屑於親自去妓院送帖，於是太學附近就有一幫無業遊民專門幫忙跑腿。身為宋朝最高學府的學生，本應安心治學、修身養氣，結果卻墮落到呼妓命酒、結交流氓，真是士林之敗類。

相比而言，倒是在私學讀書的小學生更加樸實可愛。宋人金盈之《新編醉翁談錄》略略提到北宋私學的一些好玩習俗：每年春社之日，小學生放假，將一根大蔥綁在竹竿上，從窗內捅到窗外，謂之「開聰（蔥）明」；又用彩色絲線繫一個蒜頭掛在脖子上，寓意是「能計算（繫蒜）」。

勞工階層的年假

大家讀到這裡的時候，想必已經明白宋朝的官定假期並不能讓天下臣民「雨露均沾」：北宋朝廷規定新年放假七天或五天，南宋朝廷規定放假五天，可是地方長官由於不能離開崗位，實際等於沒有假期；在私學讀書的學生因為能放寒假，其新年假期又可以視為長達一個月；而太學生的假期卻只有三天，由此可見，不同階層的人所享有的假期也不同。

北宋時，宋真宗曾經在大中祥符元年（一〇〇八年）頒布詔令：

> 瀘州南井煎鹽灶戶自今遇元正、冬至、寒食三節，各給假三日。

瀘州南井是四川的一個大型鹽場，該鹽場自從北宋初年以來就一直為中央財政貢獻源源不絕的食鹽專賣利潤，而鹽場工人卻沒有休假的權利，為了顯示自己的仁慈，同時也為了防止工人罷工甚至暴亂，宋真宗才頒布了這樣一道「恩旨」。

進入南宋，勞工階層放假的範圍略微有些擴大，例如宋寧宗這樣規定：

應役丁夫，元日、寒食、冬至、臘日，各放假三日。

凡是為國家工作的工人以及服役的農民，每到新年、寒食、冬至與臘月初八，全部放假三天。

比起官員的七天長假（地方長官除外），工人只給三天假期確實有些不合理，可是有假期總比沒有強。早在唐武宗會昌五年（八四五年），日本和尚圓仁入唐求法，曾經親眼見到工人因享受不到休假而暴亂：那一年春節，朝廷原本承諾給修造宮殿的工匠集體放假，可是為了趕工，只讓他們輪班休假，每天只許三千名工匠歇工。結果工匠不滿，集體作亂，把宮牆都推倒，朝廷害怕了，只好每人賞三匹絲綢，再各補三天假期，讓工人們開開心心過一個無需勞作的新年。

貳 02

冬至到 新年揭幕

每年新曆（西曆）的十二月二十一日到二十三日之間，必有一天是農曆二十四節氣當中一個重要節氣：冬至（農曆中的冬至並無固定日期，大約落在十一月中旬）。

冬至那天，太陽直射南回歸線，處於北半球的我們所看到的日影最長，白天卻最短，同時這天也是黃河流域最寒冷的日子。在中國大陸的河南、河北、山東、山西等諸多地區，同時也包括北京，冬至這天都流行吃餃子。筆者故鄉在豫東平原，我們那裡有句民諺：「冬至吃餃子，哥哥娶嫂子；冬至不吃餃，耳朵要變小。」意思是吃餃子能給家裡帶來好運，還能保護耳朵不被凍掉。臺灣的冬天沒那麼寒冷，大家不用擔心耳朵被凍掉，冬至那天的節令食品不是餃子，而是湯圓。其實大陸南方很多地區到了冬至也是吃湯圓，只是由於中國首都位於北方，北方文化過於強勢，冬至期間報紙和電視上鋪天蓋地全是關於餃子的廣告，大多數人也就將冬至和餃子畫上了等號。

吃餃子也好，吃湯圓也罷，現在的大陸和臺灣都沒有將冬至作為一個重要節日——冬至不放假就是一個明證。可是宋朝卻不然，冬至在宋朝的重要程度僅次於新年，宋朝人已經把冬至當成了新年的暖身和彩排。

宋朝新年從冬至就開始了

《武林舊事》云：「都人最重一陽賀冬。」意思是南宋首都杭州的市民最重視冬至。有多重視呢？「婦人小兒，服飾華炫，往來如雲。」新年要穿漂亮衣服上街，冬至也要穿漂亮衣服上街。「岳祠城隍諸廟，炷香者尤盛。」新年要去廟裡拜拜，冬至也要去廟裡拜拜。「三日之內，店肆皆罷市，謂之做節。」新年期間能休假都休假了，冬至期間同樣要休假，連店鋪都關門三天，回家過節。「朝廷大朝會慶賀排當，並如元正儀。」大年初一有例行朝會，皇帝接受文武百官及各國使臣的跪拜，冬至這天同樣有例行朝會，皇帝同樣要接受文武百官及各國使臣的跪拜。

司馬光著有《居家雜儀》，這是一本有關禮儀的小冊子，書中寫到「賀冬至、正旦六拜，朔望四拜」，意思是晚輩過節要向長輩磕頭，平常磕四個頭，冬至與新年時節卻要磕六個頭。為什麼冬至與新年要磕同樣的頭？因為冬至在宋朝人心目中非常重要，幾乎不亞於新年。

新年到來，宋朝地方官要向皇帝上「賀正表」，內容是一大堆吉祥話；到了冬至，地方長官則要向皇帝上「賀冬表」，內容非常接近，還是一大堆吉祥話。可是過端午、過中秋、過重陽的時候，地方官就沒有必要給皇帝寫這些吉祥話了，因為這些節日沒有冬至重要。

冬至無非就是一個節氣而已，為什麼會如此重要呢？生於北宋、死於南宋的文人金盈之道出了箇中奧妙：

> 自寒食至冬至，久無節序，故民間多相問遺。

一年三百六十五天，傳統節日實在不少，按照時間順序排列，依次是新年、元宵、春社、寒食、端午、七夕、中元、秋社、中秋、重陽、冬至、臘八、祭灶、除夕……其中新年與除夕頭尾相連，元宵實際上屬於春節的尾聲，七夕是女人的節日，中元鬼氣森森，透著不吉利，春社、秋社、中秋、重陽則全在農忙時節，故此在新年過完之後的大半年之內，絕大多數老百姓都沒有機會再來一次節日的狂歡。只有到了冬至，秋收、冬種均已完結，親朋好友久不相聚，終於可以趁此節氣好好慶祝一回了，於是冬至就被老百姓集體推到了前臺，想不粉墨登場都不可能。

不客氣地說，宋朝老百姓在過節方面缺乏創意，他們慶祝冬至的方式是模仿新年，新年搞什麼活動，冬至就搞什麼活動，一樣都不能少。

冬至也要守歲？

所有華人都知道在大年初一的前一天，也就是除夕，是有守歲傳統的：一家人圍爐聚餐，聽著鞭炮聲，吃著團圓飯，看著電視，打著麻將，等著新年鐘聲敲響。

宋朝人過冬至居然也守歲。

唐朝人將初一的前一晚叫「歲除」，宋朝人管冬至的前一晚叫「冬除」，歲除守歲，冬除也守歲，用宋人金盈之在《新編醉翁談錄》裡的話說：「大率多仿歲除故事而差異焉。」冬至守歲的規矩和除夕守歲差不多。

守歲之前，先祭祖先。冬至祭祖用三牲：牛、羊、豬，即將牛肉、羊肉、豬肉各煮一盤，端到祖宗牌位前供上。如果朝廷禁止宰殺牛肉（古代中國是農耕社會，歷代皇帝為表明重視農耕，多禁殺耕牛，但是這種禁令最後都成了廢紙，實際執行者少之又少），則用魚或者雞來代替。

三牲擺在供桌之上，呈品字形排列，中間再放入一盤米飯或一盤饅頭，飯上插以樹枝，樹枝上黏一朵紙花，然後家中男性按輩分排好位置，集體向祖宗叩頭。

祭過祖先，可以「散福」，也就是將供品撤下，大家一起吃喝。吃喝的時候全家老小團團圍坐，就像除夕時吃年夜飯一樣。

吃過這頓冬至版的「年夜飯」，大人就可以入睡了，小孩子卻要圍著火盆、吃著零食、玩著銅錢，像過除夕一樣守歲，直到過了子時才可以上床睡覺。

為什麼大人睡覺，卻讓小孩守歲呢？第五章會有詳細的解釋，這裡就暫不贅述了。

送節禮等於廚藝交流？

生於南宋、死於元朝的宋朝遺老吳自牧說：「冬至歲節，士庶所重，如饋送節儀，及舉杯相慶，祭享祖宗，加於常節。」說明宋朝人過冬至既要祭祖和守歲，又要向親朋好友饋送節禮。

冬至的節禮比較簡單，一般是兩碗米飯或者兩個饅頭，再加一碗剛剛煮好的餛飩，放到一張紅漆木盤之上，讓小孩子端著去親族及四鄰家裡分別饋送。

節禮簡單，送節禮的時間卻要特別早。冬至那天，凌晨四、五點鐘，家裡的大人趕緊起床，煮出一大鍋前天包好的餛飩，與蒸好的饅頭或米飯放到一個木盤裡，如此這般備辦七、八個木盤，指派小兒女向各家各戶分送。

送這種節禮是不吃虧的，不像肉包子打狗有去無回，因

【貳】冬至到，新年揭幕

為張家將自家的餛飩、饅頭和米飯送給李家，李家也會將他家的餛飩、饅頭和米飯送還給張家，等於是雙方在交換節禮。確切地說，不是雙方在交換，而是十幾家甚至幾十家在交換：小明家的餛飩送到小強家，小強家的餛飩送到小紅家，小紅家的餛飩送到小麗家，小麗家的餛飩又送到小明家……最後，每家餐桌上都有很多別家的飯食，像是在廚藝交流。

在宋朝統治下的大部分疆域，冬至都是很冷的，冬至的早晨就更冷了，這時候讓小孩子端著木盤在寒冷的空氣中來回饋送，怎麼看都有點兒虐待兒童；但是孩子們未必會覺得受苦，因為他們喜歡熱鬧。更重要的是，還能得到實質的回報：收到節禮的親鄰通常會發幾枚銅錢作為節賞，數目一般會等同於送禮者的年齡。比如小明七歲，當他送節禮去小強家，小強的爸爸會給他七文錢；小強八歲，當他去小紅家送節禮的時候，小紅的爸爸會給他八文錢。可能正是因為宋朝有這樣的風俗，所以大人們才會讓小孩子去送節禮。您想啊，假如一個四十歲的大男人也去送節禮，別人該給他多少節賞呢？給少了不合規矩，可要是按年齡給，是不是顯得這個送節禮的傢伙太愛占小便宜了呢？

宋朝冬至吃餃子

臺灣人過冬至流行吃湯圓，大陸人過冬至流行吃餃子，宋朝人過冬至則以餛飩為主食。

宋朝人的飲食概念頗為特殊，他們說的「炊餅」實際上是饅頭，他們說的「饅頭」實際上是包子，他們說的「包子」實際上是用菜葉裹餡兒的菜包，而他們說的「餛飩」實際上正是現代人所說的餃子。

剛才說宋朝人過冬至以餛飩為主食，實際意思就是他們過冬至以餃子為主食。過冬至吃餃子，和今日大陸的北方人沒有區別。

讀者諸君可能會表示質疑：餛飩是餛飩，餃子是餃子，餛飩怎麼能和餃子畫上等號呢？沒錯，現在的餛飩和餃子是有區別：餛飩皮薄餡少，餃子皮厚餡多，餛飩多用方皮，餃子多用圓皮。可是宋朝人說的餛飩和現代人說的餃子完全是一回事兒，同樣是用圓皮包餡兒，同樣是包成半月形，中間鼓鼓的，兩頭尖尖的，邊緣扁扁的。

宋朝也有真正的餛飩——真的是餛飩，不是餃子。宋朝人包餛飩，包得很大，很複雜，造型像朵花，含苞未放，可以用鐵籤子串起來烤著吃，當時管這種食物叫「餶飿」（讀作「骨朵」）。也就是說，宋朝的飲食概念有些變態，那時候的餛飩就是餃子，而那時候的餶飿才是餛飩。

金盈之《新編醉翁談錄》提到宋朝人過完冬至時常講的一句民諺：

新節已過，皮鞋底破。大擔餛飩，一口一個。

冬至這個盛大節日過完了，皮鞋的底子也踩破了，為什麼會踩破呢？可能是因為冬至那天到處送節禮的緣故吧。送節禮要準備很多餃子，可是由於這些餃子有來有往，既沒有送完，也沒有吃完，過完冬至還剩下一大批，怎麼辦？敞開了吃吧！

叁

03

祭灶神
送錢送甜

記得在小時候，經常和小夥伴們唱這首童謠：

小孩小孩你別饞，過了臘八就是年。臘八粥，喝幾天，哩哩啦啦二十三。二十三，祭灶官，糖瓜糖稀供地仙。糖瓜黏，糖稀甜，吃根糖棍兒好過年……

「糖稀」和「糖棍兒」是豫東方言，糖稀是用糯米和麥芽熬成的麥芽糖漿；糖棍兒是一種芝麻糖，用米粉和澱粉加工成圓柱形的小段，過油炸熟，放在糖漿裡蘸透，撈出來，再滾上一層芝麻。「地仙」也是方言，在我們豫東平原指的不是土地公，而是灶王爺。

灶王爺就是灶君，又叫灶官，據說他是有無數化身的神仙，平日蹲踞在廚房裡，監察著所有人的一言一行，無論善惡都記錄在案。到了年底，他會回到天宮述職，將善惡檔案交給玉皇大帝，由玉皇大帝給予我們獎賞或懲罰。由於灶君在臘月二十四那天述職，所以我們就在臘月二十三那天「祭灶」——用糖瓜、糖稀、糖棍兒等甜食好好款待灶君，讓他不好意思說我們的壞話。

對於上述習俗，各地均有相關的童謠或民諺，大陸有，臺灣也有，雖然版本各別，但是內容相似，都是說臘月二十三祭灶，臘月二十四送神（送灶君及其他神仙回天宮）。

可是宋朝人卻不一樣，他們竟然是在臘月二十四祭灶，同時也在臘月二十四送神，這是什麼原因呢？

灶君的傳說

解釋宋朝人為何在臘月二十四祭灶之前，先給大家講一個故事。

說是宋朝紹興有一個姓楊的年輕人，平日不務正業，偷雞摸狗，吃喝嫖賭，什麼壞事都幹，他的父母忍無可忍，把他趕出了家門。正是十冬臘月，天寒地凍，他沒地方避寒，只好躲進了一個牛棚裡。牛棚漏風，他身上緊裹著偷來的被褥，蜷曲在厚厚的稻草上，依然凍得瑟瑟發抖。

到了午夜時分，月亮高高地掛在樹梢上，冰冷的月光透過牛棚照在稻草上，楊姓年輕人凍醒了，準備爬起來活動一下筋骨，增添一些熱氣。突然間陰風四起，一隻七竅流血的鬼魂無聲無息地出現在他面前，就像從地底下冒出來的一樣。他嚇得差點兒昏過去，以為鬼魂要向他索命，哪知道這隻鬼魂並不上前，只是向外招手，好像是在呼喊搭檔。楊姓年輕人心想：「一隻鬼就夠我受的了，再多來幾隻，非把我撕成碎片不可。」

眨眼之間，鬼魂的「搭檔」來了。令楊姓年輕人感到幸運的是，鬼的搭檔並不是鬼；可是令他感到絕望的是，來的雖然不是鬼，卻是一隻比牛還大的斑斕猛虎！原來那隻鬼魂就是傳說中的「倀」，為虎作倀的倀。根據中國民間傳說，活人被老虎吃掉後，若不轉世投胎，則其靈魂會變成「倀」，幫助老虎尋找新的受害者。

猛虎的腦袋已經鑽進了牛棚，牛棚裡的兩頭耕牛一動也不敢動，趴在地上閉目待死，楊姓年輕人也和那兩頭牛一樣渾身癱軟。只見那隻倀獰笑了一下，伸出血淋淋的手指，向楊姓年輕人指了指，意思是美食在那兒呢，您老人家快快享用吧。猛虎果然聽話，一躍而起，朝「美食」撲了過來……

眼看著楊姓年輕人就要成為猛虎的腹中之物，天色忽然大亮，一道亮光劈進牛棚，一道炸雷般的聲音隨之響起：「畜生膽敢傷人，還不快快退走！」聽到這句話，老虎竟然在半空中一扭腰，掉轉虎頭竄到外面去了，那隻倀也在瞬間消失不見。

危險過去了，楊姓年輕人無限感激，跪下來禱告上天，想知道是哪路神仙救了自己。只聽半空中傳來一個溫和的聲音道：「吾乃其家灶君司命也，汝識乎？」我是這戶人家的灶君，你難道不認識我嗎？

第二天，楊姓年輕人回到家中，向父母懺悔以往的過錯，發誓要痛改前非，同時也講述了自己在牛棚死裡逃生的經過。他的父親趕緊走到廚房裡，向牆壁上張貼的灶君神像三跪九叩，答謝灶君的救子之恩。在後來的日子裡，他們家「事灶益謹」，侍奉灶君比以前更恭敬了。

這個故事出自南宋志怪小說大全《夷堅志》。從我們現代人的眼光看，故事情節荒誕不經，沒有絲毫可信之處。但是宋朝百姓大多迷信，他們寧可相信這個故事是真的，寧可相信這個充斥著血腥和不公的世界上，真有一個身外化身的灶君在保護每一個家庭不受傷害。

灶君究竟是男還是女？

時至今日，中國大陸某些家庭的廚房裡仍然供奉著灶君，其中有泥塑神像，也有彩色印張，以彩色印張居多。

那些彩印神像裡，灶君的相貌並不固定。有的灶君頭戴平天冠，身披赭黃袍，相貌威嚴，三綹長髯，儼然是人間帝王。有的灶君面白無鬚，雙耳垂肩，頭戴毗盧帽，面團團如富家翁，更如唐僧再世。有的灶君手中持劍，胯下騎馬，一瞧就是武將。有的灶君右手持圭，左手扶膝，端坐在高高的寶座上，一瞧就是文臣。有的灶君並非孤家寡人，他老人家身旁還畫著一個面目慈祥的老奶奶，人稱「灶王奶奶」。還有的灶君竟享齊人之福，左右兩側各有一個老奶奶，一夫二妻其樂融融，好像在教唆世間男子包二奶……

這些灶君畫像孰真孰假？我們很難判定。第一，如前所述，灶君本來就是可以化身無數的神仙，既然有無數化身，當然有無數相貌；第二，傳說中的灶君並不是單一版本，即使是擅長考證的古人，也不能確定哪一個版本更加正宗。

北宋博物學家沈括考證過灶君的來歷，他認為最初的灶君應該是一個老太太，一個擅長烹飪的老太太，該老太太生活在上古時期，被世人尊為廚神，進而被尊為灶神；到了春秋戰國時期，百家爭鳴，風俗不一，灶神衍生出很多版本，有人說華夏始祖黃帝死後成為灶神，也有人說另一位華夏始祖炎帝死後成為灶神，還有人說灶神是祝融的化身。祝融火神，火神司灶，理所當然。再往後探尋，漢魏隋唐的灶神漸漸有了真名實姓，有人說他姓宋名無忌，有人說他姓蘇名吉利，還有人說他姓張名單，雖然是男身，卻貌如美女。沈括說，可能就是因為這個緣故，陝西一帶的「灶戶」（世世代代在國營鹽場務工的百姓）所供奉的灶君畫像就是一位女士，而開封市民供奉的灶君畫像卻身披戰甲、胯下戰馬，故此俗稱「灶馬」。

由此可見，宋朝時期的灶君版本差異更大——現在的灶君畢竟都是男性，宋朝竟然還有女版的灶君。

但是無論哪個版本的灶君，其職能在宋朝都已定型，既負責記錄善惡，又為其監控下的人們提供庇護，使其免遭沒來由的傷害。我們翻看《夷堅志》，可以見到南宋世俗生活中的兩個小細節：愚夫愚婦生了小病，不捨得花錢找醫生，卻去灶下收集一些草木灰，當藥服下；市井小販出外經商，家裡的錢財沒人看管，偷偷藏到灶洞裡去。南宋百姓為何要這樣做？因為他們相信灶君，相信灶君的神力能惠及灶灰，相信灶君能幫他們治病，能看管好他們的錢財。

宋朝人祭灶為何晚一天？

老百姓是非常務實的，務實到把他們所迷信的神仙都當成世俗官吏來敬奉。世俗官吏需要禮敬，於是灶君也需要禮敬；世俗官吏可以收買，所以灶君也可以收買。

一年一度的祭灶，就是對灶君的禮敬和收買。

臘月二十四，百神上天，灶君也上天。其他諸神不負責記錄善惡，不太留意將人類的罪惡上報給天庭，唯獨灶神專負其職，將辱罵父母、欺虐鄉鄰、殺人越貨、坑蒙拐騙、偷雞摸狗、弄虛作假、亂扔垃圾、隨地吐痰等大小罪行一一記錄在冊，如實彙報給上天。試想一年三百六十天，誰人沒做過一件壞事？如果讓灶君回報到天上，輕則犯頭痛，重則遭雷劈，那還得了？於是必須在灶君上天之前將其收買。

怎麼收買？一是送錢，二是送甜。所謂送錢，是指燒化紙錢，讓灶君花；所謂送甜，是指用餳糖、糖瓜、糖豆粥等又甜又黏的甜食黏住灶君的嘴，不讓他講話，即使可以講話，也只能講好話，不好意思講壞話。吃人嘴短嘛，吃了人間那麼多甜食，還好意思講壞話嗎？

南宋陳元靚編有一部風俗大全，名為《歲時廣記》，該書第三十九卷記錄了宋朝人收買灶君的時間和方式：

> 十二月二十四交年，都人至夜請僧道看經，備香酒送神，燒闔家替代錢紙，貼灶馬於灶上，以酒糟塗抹灶門，謂之醉司命。
>
> 每歲十二月二十四新舊更易，皆焚紙幣，誦道佛經咒，以送故迎新，以為禳祈。

臘月二十四是灶君上天的日子，人們將那天稱為「交年」，意思是新年將至，和今天的「小年夜」差不多同義。如何度過「交年」呢？買酒、買紙錢、買灶馬，有錢人請和尚或者道士念經，沒錢人自己念誦經咒，一邊念經，一邊用酒菜供奉灶君及其他神仙，還要用酒糟塗抹到灶門之上，據說這樣可以讓灶君上天之後暈頭暈腦，不會做出對人不利的彙報。然後為灶君燒化紙錢，將灶君的坐騎（紙紮馬）放在灶門口一同燒化，恭送灶君及百神上天。

這兩段文獻只提送錢，沒寫送甜，倒是南宋另一本風俗書籍《武林舊事》描寫了送甜之法：「二十四日，謂之交年，祀灶用花餳、米餌，及燒替代，及作糖豆粥。」花餳又叫「膠牙餳」，是煎熬成半固態的麥芽糖；米餌又叫「歡喜團」，是用蜂蜜拌成的糯米丸子。有麥芽糖，有歡喜團，有糖豆粥，宋人祭灶供奉的甜點竟然與今天完全相同。

陸游的老上司兼好朋友范成大寫過一首〈祭灶詩〉：

古傳臘月二十四，灶君朝天欲言事。
雲車風馬小留連，家有杯盤豐祭祀。

豬頭爛熟雙魚鮮，豆沙甘松粉餌圓。
男兒酌獻女兒避，酹酒燒錢灶君喜。
婢子鬥爭君莫聞，豬犬觸穢君莫嗔。
送君醉飽登天門，杓長杓短勿復云，乞取利市歸來分。

「古傳臘月二十四，灶君朝天欲言事。」可見宋朝灶君上天述職的時間也和今天一樣。但今天祭灶選擇臘月二十三（只有少數幾個地區選擇在臘月二十四祭灶），是在灶君述職的前一天進行祭祀，而宋朝人祭灶選擇臘月二十四（少數地區甚至拖延到臘月二十五），是在灶君述職的當天進行祭祀，為什麼？

筆者有一個大膽的猜想，它極可能錯得離譜，但是在尋找不到合理解釋的前提下，也算聊備一說：筆者認為宋朝人祭灶之所以較遲，是因為宋酒的酒精濃度較低。

我們知道，宋朝沒有蒸餾酒[2]，只有未經蒸餾的釀造酒。釀造酒未經蒸餾，酒精濃度最高不可能超過十六度，通常度數只有七、八度而已。用這種酒祭灶，灶君易醉也易醒，假如二十三祭灶，二十四送神，則灶君上天之時已然醒酒，對我等凡夫頗為不利，故此在送神當天也就是臘月二十四來祭祀，確保灶君在醺醺然的狀態下上天。

至於我們現代人在臘月二十三祭灶，倒不一定是因為現在流行蒸餾酒，酒精濃度高，能讓灶君連醉兩天，而更可能是因為急於事功和愛慕虛榮。查明朝方志，江南已有民諺：「官三民四船家五。」官府二十三祭灶，百姓二十四祭灶，那些岸上無住宅，一家老小在船上生活的船民則遲至二十五才可以祭灶。船民一度被官府打入「賤民」的另冊，讓他們在二十五祭灶是出於歧視，而對老百姓哪天祭灶卻沒有限制。既然官府不限制，老百姓就蠢蠢欲動了，在「做完了農事」和「我們家不能比鄰居晚」的心態下你追我趕，將祭灶日期提前到了臘月二十三。

註釋

2. 參見《吃一場有趣的宋朝飯局》第七章〈飲料加美酒〉。

宋朝祭灶，規矩多多

上文抄錄了范成大的〈祭灶詩〉，該詩透露的訊息頗多，不但說明宋朝的祭灶日期，而且講到了祭灶時的若干規矩：比方「豬頭爛熟雙魚鮮，豆沙甘松粉餌圓」。供品包括熟豬頭一個、鮮魚兩隻，還有豆沙餡兒的湯圓，有葷有素，有鹹有甜。至於膠牙餳、歡喜團、糖豆粥等甜食，祭灶時更是不可或缺，但是范成大的詩裡沒寫；他不寫，不代表沒有，因為詩歌畢竟不是流水帳，點到為止即可，不宜面面俱到。

「男兒酌獻女兒避，酹酒燒錢灶君喜。」供桌上要擺酒，祭灶時要燒化紙錢，只有男性可參與祭祀，女士們一邊涼快去。到了今天，臺灣仍有如此陋俗，這是男權時代遺留的孽習，應該剷除。

除了以上這些，宋人祭灶還有其他規矩。

第一，要為灶君備辦「甲馬」

甲馬一詞在古文中有三種涵義：一指披甲騎馬的士兵（如《東京夢華錄》云：「行軍巡檢部領甲馬來往巡邏。」），一指鐵甲護身的戰馬（如《宋史．兵志》云：「獲甲馬百匹。」），一指繪有戰馬、用來召喚神靈乘坐的黃紙（如《水滸傳》中的「神行太保」戴宗每次作法行路之前必須將「甲馬」綁在腿上，這種甲馬就是畫了戰馬的黃紙）。祭灶用甲馬，指的是第三種甲馬，上畫戰馬，下畫雲朵，旁書神咒，祭祀後燒化，供灶君上天時乘坐。

第二，要為灶君備辦「料豆」

「料」即草料，「豆」即黑豆，灶君的坐騎雖是天馬，卻和凡馬一樣要吃飼料，故此在燒化甲馬的同時，還要往火堆裡扔一把乾草和幾粒黑豆，供灶君的坐騎食用，只有吃飽了，才有力氣馱著灶君上天。打個比方說，你給人家配備了汽車，同時也要配備汽油，不加油怎麼上路呢？

第三，不要忘了燒掉灶君的畫像

甲馬和料豆都是為灶君準備的，灶君才是上天的主角，燒化了甲馬、乾草與黑豆，別忘了將牆上黏貼的灶君畫像撕下來，在供桌前燒掉，一邊燒，一邊默默念誦「上天言好事，下界保平安」、「上天言好事，回宮降吉祥」。

舊畫像燒掉，還要代之以新畫像，一如撕掉舊春聯，還要貼上新春聯。春聯是即撕即換，灶君畫像卻不能即燒即換，必須等到除夕，才能將新畫像貼到廚房裡。為什麼非要等到除夕呢？因為除夕是宋朝人認為灶君回宮的日子。《歲時廣記》卷三九〈臘月・誦經咒〉云：「每歲十二月二十四新舊更易。」新舊更易主要指灶君更易，舊灶君卸任，新灶君並不隨即到任，還要等待天庭的任命，這時候如果自作主張貼上新灶君，就等於自行宣布任命，是不會被天庭承認的。

第四，祭灶之後「照虛耗」

「虛耗」是百神當中的一種，虛無縹緲，無色無形，不像灶君那樣監察善惡，也沒有庇護凡人的能力，但它卻有搗鬼添麻煩的能力：小門小戶過日子，掙的沒有花的多，年底盤帳，怎麼算都對不攏，不用問，虧空的差額必然是虛耗給弄走了。而且虛耗很變態，臘月二十四祭灶送神，百神都去吃供享，吃飽了乖乖地飛升，唯獨虛耗不吃這一套，留在你家不走。怎麼辦？用火燒它的屁股，把它逼走。

灶君住在廚房裡，虛耗卻躲在床底下，於是到了臘月二十四夜裡，送走灶君以後，宋朝人開始發威了。他們準備好一盞盞油燈，一一點著，送入床底，從深夜點到天亮。這種風俗在宋朝叫做「照虛耗」，是人類向鬼神宣戰的壯舉。

可惜的是，鬼神未必存在，床底和油燈卻是實實在在的。白白點一夜燈，耗油事小，但凡火焰大一些，燒著了床就事大。假如床上還睡了人，更成了天大的事了。因此之故，照虛耗也是陋俗，風險很大的陋俗。

送神之後，採購年貨

如果說冬至是新年的彩排和暖身，那麼祭灶就是新年的信號彈。我的意思是說，過年很忙碌，需要做很多準備工作，例如打掃房間和備辦年貨，而在祭灶之前，這兩項工作是不能做的，只有祭完灶君、送完百神，才可以進行。

傳統中國是多神崇拜的國度，人們相信各個角落都可能有神靈居住：廚房裡有灶神、廁所裡有廁神、牆底下有太歲、床底下有虛耗、屋脊之上有姜太公端坐……從年頭到年尾，這些神靈一直蝸居在某處嵬然不動，假如搬動家具、破牆動土，極可能觸犯某個神靈，使其動怒降災，為一家老小引來大禍。所以平日裡打掃塵土都要小心翼翼，翻修住宅更要燒香禮拜，家人活得低聲下氣，房子也活得委屈。

到了臘月二十四，自由終於降臨了，因為灶君被送走了，各種神靈都被送走了，人類終於成了住宅的主人，想怎麼打掃就怎麼打掃，想怎麼翻修就怎麼翻修，無需磕頭，無需賄賂，短期內出現權力的真空。

臺灣人在臘月二十四「清黗」，大陸人也有「二十四，掃房子；二十五，掃牆土」的民諺，宋朝人同樣如此。《歲時廣記》卷三九〈臘月·掃屋宇〉云：「唯交年掃屋宇無忌，不擇吉。」只有到了臘月二十四，打掃房間才沒有禁忌，翻修房子才不用選擇吉日。從二十四到除夕，從舊灶君上天到新灶君下凡，這一個星期左右的自由時間裡，每一天都是吉日，趁機趕緊將房間好好地打掃一新吧。

與此同時，臘月二十四以後也是採辦年貨的好日子。倒不是說祭灶送神之前不可以採辦年貨，而是因為採辦過早的話，魚肉與蔬菜容易腐敗。

如《東京夢華錄》所載：

> 交年日以後，京師市井皆買門神、鍾馗、桃符、桃板及財門鈍驢、回頭鹿馬、

天行帖子，賣乾茄瓠、馬牙菜、膠牙餳之類，以備除夜之用。

過了臘月二十四，大家開始買年畫、買春聯、買蔬菜、買糖果，熱熱鬧鬧採辦年貨，為即將到來的大年夜做準備。

肆

04

買年貨
五花八門

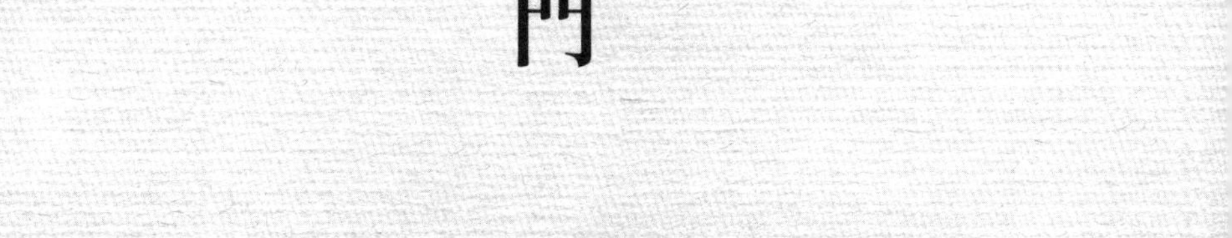

小時候曾經唱過一首童謠：

二十六，買大肉。二十七，買燒雞。二十八，買隻鴨。二十九，守門口。三十晚上熬一宿，初一上街扭一扭。

臘月二十六買豬肉，臘月二十七買燒雞，臘月二十八買鴨，說的都是買年貨。到了臘月二十九，年貨已經辦齊，大人在廚房裡煎炒烹炸，準備過年的熟食，小孩子則跑到門口站崗，防止別人家的狗溜進來偷吃。這首歌謠很具體、很傳神，寥寥幾句，把備辦年貨的辛苦與熱鬧唱得淋漓盡致。

當然，歌謠畢竟是歌謠，有時候是只求押韻，不求嚴謹的。「大肉」即是豬肉，買豬肉未必非要等到二十六，買雞、買鴨也未必非要等到二十七和二十八。現在市場發達，商品豐富，隨便哪一天去超市和菜市場逛上個把小時，就能把年貨辦齊，非但各種肉類全有，連年畫、鞭炮、煙火、糖果以及新衣、新帽全部齊備。如果懶得出門，還能上網下單，更是簡單快捷。

宋朝人辦年貨，同樣少不了肉類、年畫、鞭炮、糖果，但是如果追根溯源仔細瞧瞧他們的年貨清單，會發現一些久已失傳的小東西。如果再親自跟隨他們去菜市場轉一轉，更能發現一些頗有後現代風格的採購方式。

大家如果不信，且聽我慢慢道來。

宋朝人的年貨清單

在宋朝過年，需要購買的年貨還真不少。《武林舊事》第三卷有一節〈歲晚節物〉，羅列了一大堆年貨清單，不妨抄錄如下：

臘藥、錦裝、新曆、諸般大小門神、桃符、鍾馗、春帖、天行貼兒、金彩、縷花、幡勝、饋歲盤盒、酒簷、羊腔、果子、五色紙錢、糝盆、百事吉、膠牙餳。

「臘藥」是臘月初八那天製造的各種藥材，可供過年時浸泡「屠蘇酒」，所用藥材包括大黃、桔梗、防風、白朮、虎杖、烏頭、甘草、金銀花等。臘月初八為佛陀成道節，古稱「臘日」，據說在這天加工的物品不受蟲蛀，保質期長，因此宋人多在臘月初八製作臘藥、釀臘酒、燻臘肉、醃臘魚，以備過年。今日北京地區在臘八那天有醃「臘八蒜」的習俗，也是因為老年人相信臘八醃菜不易壞的緣故。

「錦裝」即新衣服。《東京夢華錄》云：「正月一日年節，……小民雖貧者，亦須新潔衣服。」可見宋朝新年和今天一樣，無論貧富，都要換上新衣服。

「新曆」即新曆書。宋代曆書由朝廷頒行，詳載一年節氣與吉凶宜忌，每到年尾，必須扔掉舊曆，換上新曆。據《宋史．禮志》，大臣曆書一向由皇帝賜給，民間則享受不到這一待遇，只有去市場購買了。

「門神」、「桃符」、「鍾馗」、「春帖」、「天行貼兒」，這些都是過年時裝飾大門的物品，類似今日的年畫，但比年畫要複雜，本書第六章會詳細解釋，此不贅述。

「金彩」是用絲綢和彩紙剪紮而成的長條狀裝飾物，除日那天懸掛在大門之上和廳堂正中，類似今日臺灣的「結綵」。

「縷花」是將綢布和彩紙剪成花朵形狀，過年時插在頭上。

「幡勝」和縷花相似，但不是花朵，而是蝴蝶、飛蛾、燕子、雄雞等動物造型，過年時也要插在頭上。另外加工幡勝的材料不僅僅是綢布和彩紙，還有金屬幡勝，如錫幡勝、銀幡勝、金幡勝等。據《夢粱錄》所載，每逢年尾，宋朝皇帝會賜給大臣金銀幡勝，供新年和立春時配戴。老百姓無此福利，假如家中沒有巧手媳婦，自己做不出來，就只有去市場上購買了。

「饋歲盤盒」是一種容器，一般為紅漆木盤，上面有蓋，蓋子上刻著「吉慶有餘」之類的吉祥話。宋人過年有饋歲習俗，即親朋好友之間互相饋送年禮，為了美觀，所送的年禮就要用饋歲盤盒盛放。

「酒簷」也是一種容器，用來盛放年酒。說穿了，酒簷其實是造型美觀的紅漆木桶，有蓋、有提梁，提梁上還罩著一層小小的木製屋頂，看上去就和卡通版的小亭子相似。用這種容器饋送年酒，比較喜慶，也比較有面子。

「羊腔」即腔羊，意思是去除了羊皮和內臟的整隻羊。事實上，宋人過年並不是只買羊肉，還會買豬肉、兔肉、狗肉和魚、蝦之類。牛肉常被官方禁止，但是用牛肉過年的老百姓為數並不少。宋神宗熙寧十一年（一〇七八年），蘇東坡在黃州過年，就曾與鄰居合夥宰殺一頭缺了腿的耕牛。

「果子」指的是各種水果、乾果以及蜜餞。

「五色紙錢」即臺灣人所說的金銀紙，新年祭神時必不可少。

「糝盆」其實就是炭火盆。春節天寒，需要用炭火取暖，但取暖完全可以用爐子，幹嘛要用盆呢？這和宋朝風俗有關：除日當晚，小孩守歲，院子正中或者廳堂門口要放一個火盆，盆中貯炭，從吃年夜飯時燃著，要一直燒到天亮。

早在中古時期，除夕盛行「庭燎」，即在院子裡的空地上燃起一堆明火，讓小孩子往火堆裡扔竹竿，在火苗的炙烤下，竹竿不停地爆開，發出劈劈啪啪的聲音，據說可以驅鬼。宋朝火藥技術發達，鞭炮已普及，不用再往火堆裡扔竹竿。另外宋朝人多地少，住房吃緊，普通市民臨街建房，宅基逼仄，連廁所都不捨得建造，更談不上院中空地，無處可以庭燎。如果在房間裡庭燎，房高一丈二，火苗一丈九，非把屋頂燒穿不可。為了安全，同時也為了經濟實用，聰明的宋朝人將庭燎改為糝盆，將龐大的火堆縮減為盆中的炭火。

「百事吉」是宋朝人過年時在餐桌上擺放的一種利市：將柿子、橘子和柏枝放到同一個盤子裡，先將柏枝折斷，再依次掰開柿子和橘子，是為「柏柿橘」，寓意「百事吉」。但是古代的水果保鮮技術相對落後，在寒冷的北方，柿子和橘子未必總能買到，於是聰明的市井小販又在過年時推出「百事吉結子」：在綢布上繡以柏枝、柿子、橘子，打成中國結，賣給老百姓，到了吃年夜飯的時候，全家人一起解開這個結子，再掛到房梁上，同樣能得到「百事吉」的好兆頭。

「膠牙餳」即煎熬成半固態的麥芽糖，顏色焦黃，氣味芳香，剛入口並不甜，可是愈嚼愈甜（膠牙餳中殘留的澱粉在唾液澱粉酶的作用下完全轉化為麥芽糖），是小孩子守歲時必備的宵夜零食。本書第三章〈祭灶〉已經提到過這種小點心，這裡再提一次，意思是祭灶和採辦年貨均離不開膠牙餳。

以上清單當中，衣服、肉類、果品、門神、金彩和金銀紙也是我們現代人過年要辦的年貨，但是桃符、幡勝、糝盆、酒篖和百事吉放到今天就顯得頗為稀罕了。幸好讀者諸君有本書在手，輕鬆掌握這些稀罕物品的來龍去脈，到了宋朝絕對不至於瞠目結舌。

買年貨要花多少錢？

現在，我們已經有了宋朝年貨的清單，下面再來琢磨一下這些年貨的價錢。

據《蘇軾文集》卷五五〈與章致平二首〉提到：花費銅錢二百文，可買白朮一兩。假如臘藥所用的其他藥材與白朮價格相近，那麼我們可以推斷出每斤臘藥的市價應該在兩千文左右。

據《宋史》卷二九二〈丁度傳〉：「京西有強盜殺人，取其弊衣，直不過數百錢。」一件破衣服價值幾百文，一件新衣服的售價應該在千文以上。當然，人分貴賤，衣服也分貴賤，一套名牌服裝的價格可能是普通服裝的幾百倍乃至幾千倍。宋仁宗時期的讀書人江鄰幾在著作《醴泉筆錄》中寫道：「都下裁翠紗帽，直一千。」一頂好帽子賣千文左右；

而宋神宗熙寧年間日本和尚成尋在杭州買帽子，最便宜的只要五十文一頂[3]。宋話本《勘皮靴單證二郎神》用濃筆重彩描寫了一雙名貴皮靴，價值四千文以上；而《五燈會元》中有一位福州和尚買草鞋，三文錢就能買一雙。所以說，同樣是新年買新衣，名牌與非名牌實有天壤之別。普通百姓買普通衣服，衫褲鞋帽俱全，三千文一套應該夠了。

宋朝紙張便宜，雕版印刷工藝登峰造極，曆書價格較為便宜。據李燾《續資治通鑑長編》第二二〇卷所載，北宋民間所印小本曆書每冊售一、二文錢，在年貨開銷中幾乎可以忽略不計。

同樣道理，門神、春聯、天行貼兒也是雕版印刷品，價格也很便宜。現存文獻難以找到宋朝門畫售價，但南宋筆記《四朝聞見錄》提到宋寧宗時期杭州小販售賣小幅版畫，價錢是「一錢一本」，一文錢就能買到一幅。

縷花與幡勝屬於工藝品，用料極少，主要是手工費用。但是如果用金銀製作，那可就貴了。如宋人王邁《臞軒集》載：

> 婦女飾簪之微，至當十萬之直，不惟巨室為之，而中產亦強仿之矣。

中產之家的婦女買一頭首飾，須花十萬文左右，春節出門如果插一頭金銀幡勝，大概也要花費同樣的成本。

饋歲盤盒與酒簷多為木器，具體價格當視其大小、材質及工藝複雜程度而定。按宋徽宗崇寧年間的紅漆木桶價格來估計，一套普通盤盒再加一樽酒簷的總價應該在七千文上下。

宋朝豬肉便宜，羊肉很貴，魚的零售價通常又比豬肉還要便宜。在南宋前期，宋金議和以後，一頭成年公豬價值一千二百文，一隻羊至少價值五千文，一斤鯉魚價值六文。中產之家如果買一頭豬、一隻羊和十斤鯉魚過年的話，約需花費六、七千文。

果品與蜜餞之類的價格差別很大。陸游詩云：「一錢留得終羞澀，持買餦餭引福孫。」花一文錢能買一塊麥芽糖，帶回去哄小孫子高興。比陸游大十幾歲的南宋詩人王十朋「以百錢買橘，得十六顆」[4]，推算一顆橘子賣六、七文。宋朝鄉民房前屋後多種柿樹，墳前多種柏樹，故柿子與柏枝可不必買，去集市上花六文錢買顆橘子，回家就能「百事吉」了。但是如果要大肆採購蜜餞果盒，一小盒蜜餞、荔枝至少要賣幾百文，開銷就無法估算了。

總而言之，買辦年貨可豐可儉。如為省錢，將上述清單中的物品全部採購整齊，大約不足萬文。如為虛榮，僅為家人購置金銀幡勝就得花費幾十萬文。

註釋

3. 參見成尋《參天臺五臺山記》卷一。
4. 參見王十朋「晚過沙灘，有漁舉網，得鯿魚二百餘頭，橙橘正青黃，以百錢買橘，得十六顆，比鄉里小差而味酸」一詩。

分期付款買年貨

宋朝是一個基尼係數（Gini coefficient，是一種衡量貧富差距大小的指標）極高、貧富差距極大的朝代，有錢人特別富裕，沒錢人特別窮困。在拙著《歷史課本聞不到的銅臭味》中，對宋代高官的年收入有所考證，以清官包拯為例，年收入總計兩萬多貫，即兩千多萬文。而窮苦百姓收入又有多高呢？「山民為生最易足，一身生計資山木。負薪入市得百錢，歸守妻兒蒸斗粟。」[5]一個靠山打柴的樵夫勞累一天只能掙一百文，假使全年無休，收入也只有三、四萬文。洪邁《夷堅志》寫到宋寧宗慶元年間江西饒州一個開熟肉店的小商人，「日所得不過二百錢」，每天能掙二百文，年收入七、八萬文。

高官年入幾千萬文，過年時自然想買什麼就能買什麼

（事實上很多年貨無需購買，如新衣、縷花、幡勝、曆書，均由皇帝賞賜）；升斗小民年入幾萬文，買年貨就必須精打細算，能省則省了，否則一年積蓄還不夠過年。

《夷堅志》錄有一則軼聞：宋高宗在位時，某縣尉死在任上，十年之後其家破產，兒子欠債累累，「除夜無以享，獨持飯一器祀其父。」除夕祭祀亡父，連三牲都沒有，只有一碗白飯。這一案例說明某些赤貧之家過年時根本不買年貨，因為什麼都買不起。

好在宋朝商人頗有創意和人情味，早早就推出「分期付款買年貨」這種新型銷售方式。比方您去某家點心鋪子買十斤甜粿，一斤一百元，總共要付一千元，您一掏錢包，對不起，只帶了二百元，回家去取錢，發現家裡的錢都拿去還房貸了，可是這個新年又不能不過，怎麼辦呢？好辦，只要您是本地人，只要能在那家點心鋪附近任何的一家店鋪找到一、兩個店主做保人，只要您留下借據，就能把甜粿拎走，以後每個月領了工資，記得要去點心鋪還帳就成。您什麼時候還清剩下的八百元，人家就什麼時候把借據還給您；您如果賴帳，人家點心鋪也不怕，跑了和尚跑不了廟，那邊還有保人呢，保人要是不還，那他就等著吃官司吧。

還有一種分期付款方式是預付型的，在宋朝叫做「義會」，其操作方式是提前半年左右定期在某家售賣年貨的鋪子裡存款，每月存一點，存到過年，該鋪子會將您所預訂的年貨送到府上。這種分期付款有兩大好處：一是每月預存一筆，從牙縫裡省一點就是了，基本上不影響過日子，比過年時一下子拿不出一大筆錢，急得四處借債要強得多；二是提前向賣家付了款，賣家也得了便宜，自然會在價格上給予買家很大優惠。

《東京夢華錄》卷十〈冬至〉云：「雖至貧者，一年之間積累假借，至此日更易新衣，備辦飲食，祭祀先祖。」所謂「積累假借」，指的就是定期預存、分期付款，而不是向親朋好友借款。

註釋

5. 參見張耒〈感春〉六首其一。

宋朝商販的有獎銷售

除了分期付款，還有一種購買年貨的方式，叫做「關撲」，又叫「撲賣」，類似現在的有獎銷售，但是卻散發出濃重的賭博氣息。

宋朝話本《趙縣君喬送黃柑子》講了一則小故事，非常具體地再現了撲賣的具體場景：

> 忽見一個經紀挑著一籃永嘉黃柑子過門，宣教叫住問道：「這柑子可要博的？」經紀道：「小人正要博兩文錢使，官人作成則個。」宣教接將頭錢過來，往下就撲，撲上兩、三個時辰，再撲不得一個渾成來。欲待再撲，恐怕撲不出來，又要貼錢；欲待住手，輸得多了，又不甘伏。

某小販走街串巷賣水果，顧客去買，他先讓顧客賭博。怎麼賭？擲銅錢，三枚一起擲，擲到地上，看正面朝上還是背面朝上。假如三枚全是背面朝上，叫作「渾成」，表示顧客贏了，可以拿走一籃水果，但無論輸贏，每擲一次都得付給小販兩文錢。

從數學概率的角度看，顧客的贏面是很低的。三枚銅錢同時擲，可能擲出八種結果：

正、正、正

★反、反、反（渾成）

正、正、反（叉）

正、反、正

反、反、正（快）

反、正、反

反、正、正

正、反、反

在這八種結果裡，只有一種結果是渾成，所以顧客擲出渾成的概率只有八分之一，平均每擲八回才能贏一回（可參照第一五五頁）。當然，還只能是平均，實際情況有可能比這個還要慘得多，像故事中那個顧客「撲上兩、三個時辰，再撲不出一個渾成來」，就是典型例證。但是如果他運氣特好，第一次就能擲出渾成，付給小販兩文錢，就能把一籃子水果拎走，簡直等於免費奉送。

宋朝商販的撲賣方式多種多樣，可以讓顧客擲銅錢，也可以讓顧客抽籤、甩飛鏢、猜燈謎……

抽籤的玩法較為複雜。譬如說南宋臨安有個叫賣滷味的小販，一手提著一籃子滷味，一手搖著一個大籤筒，籤筒裡共有十二根竹籤，每根竹籤上都刻著數字，有的刻一，有的刻二，有的刻三……有的刻十二。

顧客來買滷味，需要先付十文錢，然後從籤筒裡抽三根竹籤出來，假如這三根竹籤的數字之和大於二十三，就可以拿走一隻大滷雞——花十文錢就能買一隻大滷雞，自然是挺划算、誘人，所以很多顧客都願意來抽籤。

表面上看起來，二十三這個數字並不大，抽中數字總和大於二十三的三根竹籤好像很容易。但經過計算會發現，顧客的成功率並不高：從十二根竹籤中隨機抽取三根，共有二百二十種組合，用電腦程式將這二百二十種組合全部排列出來，數字之和大於二十三的組合只有五十三種，拿五十三除以二百二十，顧客的贏面不到四分之一。

擲飛鏢是最好玩的撲賣方式。一張大圓盤，上畫六十四卦，每一卦象上面各貼一隻小動物，每隻小動物都有黃豆粒那麼大。撲賣的時候，小販跟前有放一麻袋葡萄，嘴裡嚷道：「葡萄撲賣了啊，扔飛鏢買葡萄，一扔一個準，一嘗一口鮮了啊，一文錢扔一次，兩文錢打兩鏢，公平交易，童叟無欺！」您湊過去，給賣主一文錢，接過來繡花針大小的飛鏢，對準高速旋轉的八卦盤，甩手就是一鏢，啪，釘住一隻小狗。賣主在旁替您加油：「打獅子，快打獅子，打準獅子這袋葡萄就是您的了！」可您花了幾百文，甩了幾百鏢，天下的畜生都讓您打遍了，也未必能打到獅子，只好狠狠地瞪一眼小販，悻悻然而去。

總而言之，無論是哪種撲賣，顧客的贏面都不大，最後賺錢的都是商家。可是有誘人的獎賞（以超低價格買到鍾意物品）激勵著，絕大多數顧客還是會前仆後繼地試試手氣，就像現代人買樂透彩一樣。

由於撲賣的賭博性質較重，所以宋朝官方常常禁止，只有到了春節期間才為撲賣大開方便之門，允許所有商家光明正大地引誘顧客上當。如《東京夢華錄》載：

（新正前後）開封府放關撲三日。

《夢粱錄》載：

正月朔日，謂之元旦……街坊以食物、動使（日用品）、冠梳、領抹、緞匹、花朵、玩具等物沿門歌叫關撲。

食物、衣服、家具、玩具、首飾、幡勝，一切年貨均可撲賣，大街兩旁熱鬧非凡，買不起年貨的窮人大可以從腰包裡摸出僅有的幾文錢，擠上前去碰碰運氣。

伍 05

除夕守歲 樂陶陶

過完了冬至和小年，備齊了年貨，掃淨了房子，所有人都為新年做好了充分準備，終於盼到了除夕，也就是我們俗稱的「大年夜」。

大年夜，舊曆年的最後一天，大陸人放著鞭炮，吃著年夜飯，看著春晚；臺灣人圍爐聚宴，全家食甜，晚輩向長輩拜年，長輩給晚輩發紅包，然後看看電視，打打小牌，開開心心，團團圓圓，在一派喜氣中等待新年的鐘聲緩緩敲響。

這個等待的過程，被我們稱為「守歲」。

宋朝人也守歲，也要團團圓圓吃頓年夜飯，他們的年夜飯和今天是否一樣呢？守歲的時候又是怎樣娛樂的呢？

吃一場宋朝的年夜飯

宋朝人的年夜飯非常豐富，七碟八碗堆滿餐桌，有雞、有魚，有葷、有素。除此之外，還有必不可少的「餺飥」與「春盤」。

現代人除夕常會吃年糕、蘿蔔糕和餃子，而宋朝年夜飯卻以餺飥為主。《歲時廣記》卷五〈元旦上．食索餅〉：「京師人家多食索餅，所謂年餺飥者或此類。」《新編醉翁談錄》卷三〈京城風俗記．除夜〉：「民庶之家以餺飥享先，分食之。」陸游〈歲首書事〉亦云：「中夕祭餘分餺飥。」可見無論在北宋還是在南宋，都流行用餺飥來祭祖，然後全家老小一起分食。

餺飥其實是很簡單的麵食，本來由北方遊牧民族發明創造[6]，在魏晉南北朝時期傳入中原。它最初的做法是這樣的：用清水和麵，不加發酵粉，將麵團揉光以後，搓成條狀，再掐成半指長的小麵段，然後將小麵段放入掌心，用另一手的大拇指由近及遠這麼一搓，將厚厚的麵段搓薄，搓成兩頭翹、中間凹的小笸斗，或者兩頭尖、中間扁的柳葉舟，放在菜羹裡煮熟。進入宋朝，手擀麵大行其道（擀麵杖早在先秦就已被發明出來，但一直用於做餅，以擀切方式做麵的習慣直到北宋才出現），手搓而成的原始麵食餺飥眼見不是對手，灰頭土臉地退出歷史舞臺，但是宋朝人已經叫習慣了，繼續將手擀麵稱為餺飥。

也就是說，宋朝的餺飥其實就是麵條，用菜羹或肉羹煮熟的麵條。這種麵食做法簡易，無需過水，無需打鹵，無需澆頭（添加在飯、麵上的配料，無需配料），無需繁複步驟，一把麵條放入沸騰的羹湯，一會兒就煮熟了，盛出來就可以吃。在南宋中葉，上述做法傳入日本，所以日本人也將用羹湯煮熟的麵條叫做餺飥。

第二章說過宋朝人過冬至，主食是餛飩，即現在的餃子。過冬至吃餃子，到了除夕卻吃餺飥，單從主食上看，冬至的宴席確實比年夜飯還要豐盛，所以北宋就有「肥冬瘦年」

以及「冬餛飩，年餺飥」的民諺。

介紹完了餺飥，再說說春盤。

春盤最初叫「五辛盤」，將韭菜、芸薹（油菜、蕪菁等）、芫荽洗淨，撕開，不切斷，在盤子裡擺出好看的造型，然後再拌以臘八當天醃漬的大蒜和蕎頭，最後在這堆蔬菜的中間插一根線香，線香頂端黏一朵紙花即可。因為這盤菜共含五種蔬菜，而且這五種蔬菜都有發散的功效，因此以「五辛」為名。

五辛盤在隋唐時期頗為流行，唐朝人除夕祭祖，供桌上必放五辛盤。祭祀之後，拔掉盤子中間的線香和紙花，轉移到年夜飯的餐桌上，全家人一起分享，據說可以祛病，能保來年百病不生。

進入宋朝，生產力相對進步，食物相對豐富，祭祖的春盤不只五辛，也有臘肉和其他蔬菜了。宋朝人喜歡用蘿蔔和生菜來製作春盤：蘿蔔去皮切絲，生菜撕成長段，一同擺放到盤子裡，綠白分明，煞是好看，再插上紙花和綢花，更有一股喜慶氣氛。

除了五辛、蘿蔔和生菜，別的蔬菜也可以製作春盤。蘇東坡有詩云：「漸覺東風料峭寒，青蒿黃韭試春盤。」這是用青蒿做春盤。青蒿是一種野菜，葉片青綠細碎，味道清鮮微甜，有清肝明目之功效，俗名「茵陳」。

此外，也有用豬肉和主食製作春盤的。如《歲時廣記》記載，宋朝宮廷廚師曾將臘肉蒸熟，切成細絲，在盤中擺出花型；或將油餅、饊子、麻花、饅頭擺入大盤，疊出金字塔形狀，中插用金銀絲紮成的花朵。

在宋朝，春盤的用途頗為廣泛，既用於祭祖，又是年夜飯的一部分，到了正月初一早晨，還可以用來「饋歲」——在親朋好友之間互相饋送。到了立春那天，春盤更是每家每戶的主食。

註釋

6. 據筆者考證，「餺飥」二字很可能是古突厥語的音譯。

屠蘇酒到底是什麼酒？

俗話說：「無酒不成席」，當全家老小其樂融融共用年夜飯的時候，酒是少不了的，喝什麼酒呢？自然是屠蘇酒。

讀者諸君小時候肯定都學過王安石的〈元日〉詩：

爆竹聲中一歲除，春風送暖入屠蘇。
千門萬戶曈曈日，總把新桃換舊符。

春風送暖入屠蘇，意思就是全家共飲屠蘇酒。屠蘇酒是藥酒，用多種藥材浸泡過的酒。所用藥材並不固定，據陳元靚《歲時廣記》所載，有一種比較流行的屠蘇酒是用大黃、蜀椒、桔梗、桂心、防風、白朮、虎杖、烏頭等八種藥材泡成的。臘月初八那天，備齊八種藥材，用紅色小袋裝起來，紮緊袋口，上繫一根長長的細繩，吊入水井，在井中浸泡一夜，第二天早上，從井裡打出一碗水，倒進酒罈，至除夕飲用。由此可見，某些種類的屠蘇酒並不是直接將藥材泡入酒罈，而是先在水裡浸泡，再將浸泡過的水與酒混合。

宋朝沒有蒸餾酒，只有黃酒、紅酒、白酒和燒酒。大家千萬不要望文生義，以為「紅酒」就是葡萄酒，「白酒」就是蒸餾酒，「燒酒」就是高度蒸餾酒。事實上，宋朝的「紅酒」是用紅麴釀造的酒，「白酒」是用白麴釀造的酒，「燒酒」則是為了延長保存期限，將酒罈放在炭火上加熱，以高溫殺死酵母菌和其他微生物而成的成品酒。

這些酒的酒精濃度普遍不高，再往酒罈子裡勾兌一碗泡過藥材的井水，其度數自然更低。因為度數低，所以女性和小孩都可以飲用。我們看宋話本和宋人筆記，常能見到未出閣的姑娘和五、六歲的孩子，以及白髮蒼蒼的老太太暢飲美酒，大家千萬不要以為當時男女老少都嗜酒，只是因為酒精濃度很低、酒味很甜，可以當成飲料來喝而已。例如宋高宗的親生母親韋老太后每日必飲酒，宋高宗讓臨安府專門釀酒給她喝，每月能喝掉二十五斗，折合今日百斤有餘。一個月飲酒百餘斤，老太太難道是劉伶轉世？自然不是，度數低罷了。

好了，閒言少敘，接著介紹宋朝的屠蘇酒。

如前所述，宋酒酒精濃度低，屠蘇酒更低，男女老少均可飲用，所以宋朝人吃年夜飯的時候，由老至幼，無人不飲。

現代人吃年夜飯，通常都是晚輩向長輩敬酒，長輩給晚輩發紅包。宋朝則不然，當時流行長輩向晚輩敬酒，年齡愈小、輩分愈低的家庭成員，飲用屠蘇酒的順序愈面前。

宋人鄭望之〈除夕〉：

可是今年老也無？兒孫次第飲屠蘇。
一門骨肉知多少，日出高時到老夫。

寫這首詩的時候，鄭望之已經是家裡年齡最大的長輩，全家百餘口人，聚在一起吃年夜飯，飲屠蘇酒，先從最小的孫子開始喝起，輪到鄭望之來喝的時候，都已經是大年初一了。

蘇轍也在詩裡描寫過飲用屠蘇酒的場景：

年年最後飲屠蘇，不覺年來七十餘。
十二春秋新罷講，五千道德適親書。

蘇轍晚年隱居豫南，與兒孫共住，年年同飲屠蘇酒，他總是最後一個。為何？他是一家之主，年紀最大、輩分最長嘛！

宋朝人平日敬酒的規矩和今天一樣，也是先長後幼，表示敬老，可是到了吃年夜飯的時候，敬酒的次序就反過來了。究其原因，主要是因為老人每過完一個春節，就離死亡更接近了一年，所以讓小孩子先喝，祝賀他們又長了一歲，到最後才向老年人敬酒，以免引起他們的悲傷。從這種奇特的敬酒風俗之中，我們可以感受到宋朝人的溫情和細心，感受到一股濃濃的人情味。

鞭炮太貴，就用爆竹和爆鹽

中國人在重大節日喜歡放鞭炮，特別到了除夕，更是鞭炮齊鳴，天地間彌漫著刺鼻的火藥味，嘈雜的爆炸聲無孔不入。

宋朝同樣如此。《武林舊事》云：「至除夕，……夜燭糝盆，紅映霄漢，爆竹鼓吹之聲喧闐徹夜。」家家戶戶燃放鞭炮，並用糝盆滿貯炭火，火光映紅夜空，鞭炮響徹霄漢。

鞭炮古稱「爆竹」，之所以有這個古稱，是因為在鞭炮尚未發明出來的時候，人們確實用火燒竹，使竹子爆開，發出劈劈啪啪的聲音。

宋朝火藥技術發達，上至攻城的巨炮，下至賀節的鞭炮，都極為豐富。據《武林舊事》記載：

殿司所進屏風，外畫鍾馗捕鬼之類，而內藏藥線，一響連百餘不絕。

可見宋朝工匠已經能製造出百餘響的鞭炮了。

《武林舊事》的作者是南宋人，名叫周密，此人另有一本著作《齊東野語》，該著作寫了這麼一則宮廷祕聞：

既而燒煙火於庭，有所謂「地老鼠」者，徑至大母聖座下，大母為之驚惶，拂衣徑起，意頗疑怒，為之罷宴。穆陵恐甚，不自安，遂將排辦巨璫陳詢盡監繫聽命。黎明，穆陵至陳朝謝罪，且言內臣排辦不謹，取自行遣。恭聖笑曰：「終不成他特地來驚我，想是誤耳，可以赦罪。」於是子母如初焉。

文中「穆陵」是宋理宗，「大母」是在宋理宗剛即位時垂簾聽政的楊太后。宋理宗少年登基，非常淘氣，過年時在宮裡燃放一種名叫「地老鼠」的焰火，只見「地老鼠」冒著火光嗞嗞飛竄，一下子鑽到了楊太后的座位下面，把老太太嚇了一大跳，氣嘟嘟地走了。這個楊太后可不是好惹的，《宋史》說她「涉書史，知古今，性復機警」，讀書多，智商高，心眼多得很。當年宋寧宗最寵信的權臣韓侂胄就是被她設計殺死的，甚至連宋理宗的皇位都是由她矯詔擁立的，理宗當然知道她的厲害，唯恐她因此廢掉自己，趕緊將過錯推到採辦焰火的大太監頭上，第二天早上又親自向她道歉，終於得到了老太后的原諒。

從這則祕聞可以看出，宋朝非但能造百餘響之鞭炮，且已發明相當精巧的焰火。但是正如第四章〈買年貨，五花八門〉所言，宋人有貧有富，富人窮奢極欲，窮人一文不名，鞭炮再為普及，焰火再為精巧，總有一些人是買不起的。沒有鞭炮怎麼過年呢？只好恢復傳統，恢復鞭炮尚未發明之時的老風俗，用爆竹來代替鞭炮。

北宋莊綽《雞肋編》有云：

> 澧州除夜，家家爆竹，每發聲，則群兒環呼曰：「大熟！」如是達旦。

澧州今屬湖南常德，那個地方的貧民買不起鞭炮，除夕之夜往火盆裡扔竹竿。竹竿雖然能發出類似鞭炮的爆破聲，但其聲音終歸不連貫，隔上三、五分鐘，才會發出「啪」的一聲。守歲的小孩子在火盆旁邊圍著，就為了聽到爆破聲，每當聽到一次，他們就興奮地高喊：「大熟！」聽，竹竿又爆了，惡鬼嚇跑了，來年的莊稼一定會有好收成！

受中原文化影響，北宋的鄰國大遼到了除夕也要弄出些響動來驅趕惡鬼。可是遼國的火藥技術落後之極，連加工雙響炮的水準都達不到，遼國皇帝過年時燃放的煙花竟然全是從宋遼邊境所設的互市上買到的，因為本國人不會製造。

沒有鞭炮，無妨爆竹，問題是遼國疆域大半為苦寒之地，不長竹子。既缺鞭炮，又缺竹子，怎麼驅鬼呢？答案是爆鹽：將粗大的鹽粒扔進火盆，一樣能發出劈劈啪啪的聲響。

大人早睡，小孩守歲

宋仁宗嘉祐八年（一〇六三年）春節，蘇東坡在陝西當地方官，不能回鄉與父親團聚，為抒思鄉之情，曾寫下組詩三首，分別為〈饋歲〉、〈別歲〉與〈守歲〉，詩前有一段小序：

> 歲晚，相與饋問，為饋歲；酒食相邀，呼為別歲；至除夜，達旦不眠，為守歲；蜀之風俗如是。

蘇東坡的意思是說，宋朝四川人過年，有饋歲、別歲、守歲之風。所謂饋歲，是親鄰之間互送年禮；所謂別歲，指親朋好友互請赴宴；所謂守歲，指的當然是除夕一夜不睡。

事實上，非但四川有守歲之風，宋朝各地均是如此，所不同的只是誰來守歲。

按蘇東坡〈守歲〉詩：「兒童強不睡，相守夜歡嘩。晨雞且勿唱，更鼓畏添撾。」其四川老家是讓兒童守歲。

可是蘇東坡的學生晁補之卻唱道：「願兒孫盡老，今生祝壽遐昌，年年共同守歲。」說明在某些地方也有全家老小共同守歲的習慣。

就宋朝大部分地區而言，除夕守歲的規矩應該是小孩值夜而大人休息。如《武林舊事》云：「小兒女終夕博戲不寐，謂之守歲。」《新編醉翁談錄》云：「是夜（除夕），京師民庶之家，痴兒騃女多達旦不寐。」小孩子興高采烈，圍著火盆放鞭炮、吃甜食、耍銅錢，熬一個通宵，他們的父母卻無需如此，盡可以早早上床休息。

如此奇俗看似不合情理，實則大有學問。

第一，小孩子盼望過年，喜歡過年，吃完年夜飯，興奮勁剛剛開始，如果勉強他們上床睡覺，未必能成功。而大人們在此之前整日奔忙，為過年操勞了好些天，到了正月初一還要四處拜年和迎送賓客，除夕應該好好休息。

第二，新正拜年規矩頗多，小孩子不懂，非但不懂，還喜歡七嘴八舌，蹦蹦跳跳，給大人添亂，為了不讓他們添亂，最好能讓他們大睡一覺。怎樣才能讓他們大睡一覺呢？最好的方法莫過於誘導他們去守歲了。

第三，大人出門拜年，小孩會鬧著跟隨，而凡有小孩跟隨，被拜訪的一方遵照禮節必須給孩子壓歲錢。如此一來，拜年的一方不像是純心拜年，倒像是帶著孩子到處向人討紅包，頗有瓜田李下之嫌。為了避嫌，外出拜年最好不帶孩子。可是如果不帶孩子，孩子會哭鬧，怎樣能讓他們不哭鬧？最好的方法仍然是讓孩子熬上一宿，第二天呼呼大睡。

第四，從大年初一到大年初三，朝廷解除禁令，官街兩旁用紅漆木柵欄隔離出一眼望不到盡頭的玩具攤、糖果攤、小吃攤、遊藝場，對孩子的誘惑極大，假如大年初一出來玩耍，必定向父母鬧著要錢買東買西，使父母的錢包迅速癟下去。為了省錢，最好的方法還是讓孩子守歲，第二天起不來。

不過宋朝人很含蓄，絕對不把這四條「好處」明明白白解釋給孩子聽，他們只是三百年如一日地堅持傳播民諺：「守冬爺長命，守歲娘長命。」冬至前一晚不睡覺，能讓爸爸長壽；新正前一晚不睡覺，能讓媽媽長壽。我的小寶貝，你想讓爸爸媽媽多活兩年嗎？想。那還不趕快守歲去！

陸

06

春聯、年畫、門神這樣貼

過新年，除了極少數遭逢喪事、孝服未滿的家庭以外，大家都要在自家房門甚至單位大門上貼年畫、貼春聯。這項工作通常都是在新正之前完成的，大年初一還沒到，全新的年畫和春聯就貼上去了。

宋朝則不然。

宋朝人除了貼年畫、貼春聯，還要在門上張羅出許多別的東西，例如桃符和桃板，這些東西讓我們感到陌生、感到莫名其妙。

其次，宋朝人貼年畫的時間比較晚，到了大年初一早上才去做這件事。乍看之下，宋朝人有些懶、有些怠惰；可是如果探尋其文化內涵會發現他們比我們更講究，比我們更認真，比我們還要「講科學」。

宋朝流行哪些年畫？

宋朝流行三種年畫。

第一種，俗稱「門神」。門神以武將居多，如秦瓊、敬德、關羽、張飛、衛青、馬援……這些在中國歷史上聲威赫赫的名將，全部被雕版印刷製成門神，貼到了宋朝人的大門上。據岳飛的孫子岳珂介紹，宋孝宗為死去的岳飛平反昭雪以後，岳飛也成了南宋民間最流行的門神之一。

第二種，俗稱「鍾馗」。鍾馗是法力高強的神仙，傳說成仙之前是唐朝書生，因奸臣當道，考進士時金榜落第，一怒之下撞死在金殿上，然後被封為神仙，負責斬妖除魔，其法力遠遠超過那些歷史上的武將。宋朝人除了把鍾馗做成年畫，還把鍾馗的妹妹畫到了年畫裡，俗稱「鍾馗小妹」。

鍾馗小妹名叫「鍾花」，死後也成了神仙。鍾馗擅長捉鬼，鍾花則喜歡吃鬼，將小鬼當零食，一天能吃幾十隻。把她的畫像貼到門上，自然也能擋住邪祟：小鬼剛走到大門口，抬頭瞧見鍾馗小妹，唉呀！這個煞神怎麼在這兒？千萬別被她一口吃了，趕緊跑！

無論是武將年畫，還是畫著鍾馗和鍾馗小妹的年畫，都屬於防禦型的，寓意都是驅鬼避邪，保護人類。此外還有第三種年畫，不為防禦，只為討個好兆頭，如宋人筆記中常常提到的「財門鈍驢」和「回頭鹿馬」就屬於這種年畫。

財門鈍驢是一頭馱著兩大筐乾柴的胖驢，因為胖，所以遲鈍，故名「鈍驢」；又因為這頭鈍驢馱著乾柴，「柴」與「財」諧音，故名「財門鈍驢」。過年的時候在大門上貼一張財門鈍驢，寓意來年發大財。

回頭鹿馬是一隻扭頭回望的鹿。「鹿」與「祿」諧音，把這隻鹿貼到大門上，寓意祿神照命，孩子長大了能做官。時至今日，財門鈍驢和回頭鹿馬均已失傳，現代人更喜歡那種畫著胖娃娃抱金魚的年畫，寓意年年有餘。

回頭鹿馬

財門鈍驢

春聯是怎樣演化而來的？

魯迅曾經說過：「世上本來沒有路，走的人多了，也就成了路。」套用同樣的句式，我們還可以這樣說：「世上本來沒有春聯，浪費的木頭多了，也就有了春聯。」

宋朝以前，中國人過年最多貼貼門神（而且門神問世並不算早，直到唐朝才漸漸普及貼門神的年俗），是不貼春聯的。不貼春聯貼什麼呢？貼桃板。

桃板是用桃木鋸成的兩塊薄木板，長二、三尺，寬四、五寸，厚不足半寸，上刻神像，下書文字，一左一右貼在門框之上，很像現在的春聯。

桃板不費紙，可是費工、費木頭。古代沒有機器車床，雕刻全靠手工，即使讓巧手工匠出馬，雕兩塊桃板也需要小半天時間，全國那麼多人家，每戶人家過年都貼桃板，需要多少工匠？又需要砍伐多少棵桃樹？既勞民傷財，又破壞生態，實在不可取。

五代十國時期，蜀國君主孟昶較為風雅，他覺得在桃板之上雕畫神神鬼鬼太俗，獨出心裁在桃板上寫了一幅對聯：「新年納餘慶，嘉節號長春。」據說這幅對聯就是中國最早的春聯，而他寫過的桃板也成了後世紙質春聯的鼻祖。

進入宋朝，造紙術和印刷術空前發達，開始有博雅之士用紙張代替桃板，直接在紙上寫春聯或者印春聯。紙張比桃板便宜，比桃板更容易獲得，在紙上寫字也比在桃板上刻字簡便得多，於是真正的春聯就流行起來了。

當然，傳統是有強大生命力的，當春聯盛行之時，桃板並沒有立即退出舞臺。在宋朝的廣大地區，桃板曾與春聯長期共存，既有人貼春聯，也有人貼桃板，甚至還有人既貼春聯又貼桃板。讀者諸君想必都見過古典住宅的大門：出入口被屋簷和牆垛圍合出一個錯落有致的門洞，大門兩側是門框，門框的外側還有牆垛，門框上貼春聯，牆垛上掛桃板，兼容並蓄，互不影響。

「順天行化」宋朝唯一的春聯橫批

現在的春聯都有橫批，宋朝的春聯也如是。現代人買春聯，橫批包括其中，而宋朝的橫批卻是單獨出售，而且橫批上書寫的內容幾乎都一樣。究竟是什麼內容呢？四個字「順天行化」。不管上聯和下聯是什麼內容，橫批都用這四個字。如果說我們在春節期間穿越到宋朝，走街串巷四處閒逛，隨便來到一家門口，上聯「福如東海長流水」，下聯「壽比南山不老松」，橫批「順天行化」；再來到一家門口，上聯「春回大地財源旺」，下聯「福滿人間事業興」，橫批竟然也是「順天行化」。

為什麼非要用這四個字呢？和宋朝的醫療衛生有關。和現在比，宋朝醫學自然是非常落後，落後到什麼地步呢？每年春天都可能鬧瘟疫。設若一家染上瘟疫，一村人都可能染上瘟疫；設若一村人染上瘟疫，一個鄉的人都可能染上瘟疫。病毒傳播很快，防治很難，一到春天就有大批人死去，搞得人心惶惶，視瘟疫如洪水猛獸。

愚夫愚婦沒受過現代教育，在他們心目中，每一場瘟疫都是上天施行的懲罰，所以瘟疫在宋朝又被叫做「天行症」。而他們預防天行症的方法，就是在門楣上貼出「順天行化」四個大字，向上天表示順服和懺悔，請求玉皇大帝不再降災於人間。於是乎，這四個字就成了唯一的橫批。

橫批要貼在門楣上，門楣高高在上，又是橫向的，所以又叫「天行」。在「天行」上黏貼一張「順天行化」的帖子，這帖子自然就成了宋朝人口中常說的「天行帖子」，又叫「天行貼兒」。

《武林舊事》與《東京夢華錄》等宋朝風俗寶典之中均有新年購買天行貼的記載，以後大家再讀到這幾個字，無需感到陌生，無非就是橫批罷了。只是這些橫批非常單調，千篇一律，其間飽含著芸芸眾生對疾病的恐懼，以及對上天的敬畏。

桃板不是春聯，桃符更不是春聯

王安石〈元日〉詩云：「千門萬戶曈曈日，總把新桃換舊符。」意思是家家戶戶都換上新的桃符。

桃符是什麼東西？清朝人富察敦崇在《燕京歲時記》中說：「春聯者，即桃符也。」他把桃符當成了春聯的早期形態。

其實春聯的早期形態並不是桃符，而是桃板。《歲時廣記》卷五〈元旦上．寫桃板〉載：

> 桃板之制，以薄木板，長二三尺，寬四五寸，上書神像、狻猊、白澤之屬，下書左神荼右鬱壘，或寫春詞，或寫祝壽之語，歲旦則更之。

《歲時廣記》卷五〈元旦上．插桃梧〉則載：

梧，大杖也，取桃為之，以擊殺羿，由是死鬼畏桃。今人以桃梗，徑寸許，長七八寸，中分之，書祈福禳災之辭，歲旦插於門左右地而釘之。

《歲時廣記》是宋朝人寫的，宋朝的大門上既有年畫和春聯，也有桃板和桃符，所以該書作者陳元靚能把桃板和桃符的樣子寫得很詳細。根據陳元靚的描述，桃板是兩塊長達二、三尺的薄木板，而桃符則是兩枚長僅七、八寸的細木條，桃板掛在門框之上，桃符卻豎插在門框下面的泥土中。

可以想見，桃符與桃板是兩回事，桃板如今進化成了春聯，桃符卻沒有進化成任何東西，它已經徹底地消失在歷史長河中。至於究竟什麼時候消失的，暫時難以判定，不過它肯定早在清朝之前就不存在了，否則清朝人富察氏也不至於蠢到將他那個時代的春聯當作是早期的桃符。

蘇東坡寫過一則寓言，題目是〈桃符艾人語〉，從中可以證明桃符在宋朝確實存在，且與年畫並行不悖。姑且抄錄全文如下：

> 桃符仰視艾人而罵曰：「爾何草芥而輒據吾上？」
> 艾人俯謂桃符曰：「爾已半截入土，安敢更與吾較高下乎？」
> 桃符怒，往復紛然不已。
> 門神旁笑而解之，曰：「爾輩方且傍人門戶，更爭閒氣耶！」

「艾人」是用艾草捆紮的假人，端午之時插在門首。過年了，艾人還沒有被人拔走，桃符和門神粉墨登場。桃符仰望著艾人罵道：「你是什麼東西？竟敢爬到我頭上！」艾人回敬了一句：「你都已經半截入土了，有什麼資格和我爭論高下呢？」桃符更加生氣了，和艾人唇槍舌劍爭吵不休，這時候門神在旁邊笑著解勸道：「你們都是傍人門戶、不能自立的傢伙，誰也不比誰強多少，就別爭這種閒氣了。」

艾人說桃符「半截入土」，說明桃符並不像春聯那樣貼在門框上，也不像桃板那樣掛在牆垛上，而是插在門口的泥土裡。門神故作高深地批評桃符與艾人「傍人門戶」，其實它自己又何嘗不是傍人門戶呢？

行文至此，筆者眼前已經浮現出宋朝新年民宅門口的景象：一座門樓，兩扇大門，門上各貼一幅年畫，門框各貼一幅春聯，門框外側的牆垛上各掛一塊桃板，桃板與春聯下方的地上各插著一枚桃符。再往門楣上瞧，還有一幅橫批，上寫四個字：順天行化。

為什麼要等到大年初一才貼門神？

陸游詩云：「中夕祭餘分餺飥，黎明即起換鍾馗。」除夕用餺飥祭祀祖先，繼而全家分食餺飥，到了第二天，也就是大年初一，天剛剛亮的時候，趕緊起床貼門神。

我們現代人貼門神，要麼在臘月二十九，要麼在臘月三十，近年來還能見到一些急性子的朋友，在臘月二十八那天就把門神給貼上了。據某些命理大師講，貼門神也是要講究好日子和好時辰的，五行缺水的人應該選擇水日，五行喜火的人應該選擇火日。甚至還有人將貼門神的時間和星座掛上鉤，白羊座適合什麼時辰，射手座適合什麼時辰，都有一番學問。估計再過幾年，興許會有人一入臘月就開始貼門神，不為別的，就為改造自己的命運。

宋朝人並非不信命運，事實上，宋朝是八字推命剛剛盛行的朝代（此前的朝代只流行六字推命，即只用年月日排盤，不考慮時辰），痴迷此道的士大夫多如過江之鯽，如范仲淹、歐陽修、沈括、王安石等學問淵博之士，都對推命之學深信不疑。可是宋朝人並沒有「聰明」到把門神和命相扯到一塊，他們無論水命還是火命，都不約而同地選擇在新正早晨更換門神。

門神之所以誕生，最初是為了驅鬼，不讓各種神怪進門。所謂「各種神怪」，不僅僅限於惡鬼，其實也包括家中的百神，甚至還包括祖先的鬼魂。如果像我們現在這樣，新正之前就貼上門神，惡鬼進不來了，祖先也進不來了。您把祖先擋在門外，除夕祭祖不等於白祭了嗎？供桌上擺滿了香燭、春盤和餺飥，就為了讓祖先享用，祖先正要進門，卻被秦瓊、敬德、神荼、鬱壘以及捉鬼的鍾馗和吃鬼的鍾馗小妹嚇得連連倒退，扭頭就跑，這不就等於捉弄祖先嗎？

祖先進不來，灶君也進不來。您想啊，灶君在臘月二十四上天述職，到了除夕那天，他老人家興沖沖地重返工作崗位，一進門，門神橫刀立馬擋了大駕，他還得再回到天上，向玉皇大帝申請一張特別通行證，麻煩不麻煩？

宋朝人懂得這個道理，所以他們還在大年初一貼門神，那時候祖先已經享用完了供品，灶君已經回到了崗位，趕緊把門神貼上，擋住外面的惡鬼。

當然，祖先的鬼魂未必存在，灶君也是世人虛構出來的神靈，可是既然我們鄭重其事地祭祀，就應該做到「祭神如神在」，否則就和納粹的議會一樣徒具形式了。從這一點上說，宋朝人比我們懂規矩。

柒

07

大年初一 歡喜拜年

過完了除夕，就是大年初一，別名「開正」，又叫「新正」，在宋朝則名曰「元日」、「元旦」。

宋朝人過年，時間跨度太長：臨近冬至就有了年味，過了元宵才宣告結束。在長達兩個月左右的馬拉松式狂歡中，隔三差五就有一個小高潮，但最大的高潮還是元日，也就是大年初一。

和現在一樣，宋朝人到了大年初一也要拜年，也要饋歲，也要給小孩子發紅包，也會有鼓吹班、子弟團、雜技藝人、傀儡藝人在震耳欲聾的鞭炮聲和歡呼聲中巡迴演出，將新年的喜慶氣氛以非常熱鬧的方式展現出來。

不過宋朝距現代畢竟有些遙遠，當時拜年的規矩肯定與現在大不一樣，發紅包的規則肯定和今天不盡相同，沿街表演的藝人在裝束打扮和演出方式上肯定也會有某些獨特之處。

春節很像西方萬聖節

假設您是一個宋朝人，一覺睡到大年初一，早晨起來出門上街。打開您家的大門之前，筆者建議一定要做好充分的心理準備，免得自己被嚇昏過去。

開個門而已，怎麼會嚇昏呢？原因很簡單，當您剛剛打開那扇門的時候，門口很可能突然冒出來幾隻青面獠牙的惡鬼，尖叫著向您猛撲過來！

這時候您千萬不要怕，最好從腰包裡摸出一把銅錢，朝那些惡鬼撒過去。常言說得好，有錢能使鬼推磨，只要掏錢，鬼就會撤；如果不掏錢，鬼會一直纏著您，堵在您的家門口，不讓離開。

這世上當然沒有活生生的鬼，現在沒有，宋朝也沒有。既然沒有，堵在門口找您要錢的這些鬼又是從哪兒來的呢？

原來他們都是趕在大年初一早上沿門挨戶討錢的乞丐。

《夢粱錄》載：

街市有貧者，三五人一隊，裝神鬼判官鍾馗小妹等形，敲鑼擊鼓，沿門乞錢，謂之「打夜胡」。

「打夜胡」是宋朝方言，又名「打野呵」，本義是指流動藝人沿街串戲，沒有固定的演出場地，靠過往觀眾賞錢度日。乞丐並非藝人，但是作為職業乞丐，身上都有絕活，有的會翻跟頭，有的會拉胡琴，有的會唱蓮花落，有的會戴上面具扮鬼嚇人。平日裡靠扮鬼嚇人討錢，只能挨一頓打，可是到了大年初一卻能為街坊討吉利——街坊出錢讓他們離開，就等於是真正的惡鬼被趕走了，可以平平安安過大年了。

以前臺灣人過年時，也會遇到乞丐上門索討紅包，但是討要的方法不像宋朝乞丐這麼

生猛，並不扮鬼嚇人，而是手執搖錢樹（用一根榕樹枝懸掛串了紅線的銅錢），口唱蓮花落：

> 新正發大財，財源滾滾來。
> 錢樹搖高高，生子生孫中狀元。
> 狀元子，舉子孫，一文分生查脯孫。

都是讓人聽了開心的吉祥話，一開心，紅包就遞過去了，大家皆大歡喜。

《夢粱錄》又載：

> 禁中除夜，呈大驅儺儀，並繫皇城司諸班直，戴面具，著繡畫雜色衣裝，手執金槍、銀戟、畫木刀劍、五色龍鳳、五色旗幟，以教樂所伶工裝將軍、符使、判官、鍾馗、六丁、六甲、神兵、五方鬼使、灶君、土地、門戶、神尉等神，自禁中

動鼓吹，驅祟出東華門外，轉龍池灣，謂之「埋祟」而散。

大年初一前天晚上，也就是除夕當晚，民間小兒女正在守歲的時候，從皇宮裡浩浩蕩蕩開出來一隊神神鬼鬼，這批神鬼由御林軍和教坊司藝人裝扮，可比初一早晨扮鬼討錢的那些乞丐專業多了，他們除了戴面具，還化了彩妝，身上穿著戲服，手還拿著兵器和彩旗，有扮天兵的、有扮天將的、有扮判官的、有扮閻羅的、有扮灶君的、有扮土地的、有扮鍾馗的、有扮小鬼的，臉上五顏六色，旗幟五彩繽紛，彷彿百神聚會，又像群魔亂舞。

在一陣鼓吹聲中，大隊人馬出了皇宮，繞城遊行。假如我們在除夕夜來到宋朝京城，看見迎面走來無數神鬼，真有可能以為選錯了時間，沒趕上春節，卻趕上了萬聖節。

從民俗學的角度講，無論是新正早晨的乞丐扮鬼，還是除夕夜的神鬼遊行，其實都是上古儺戲的遺風。什麼是儺戲？就是以人扮鬼，演一場驅鬼的鬧劇，以此來恐嚇真正的鬼。

地方官寄賀卡給皇帝

現代既有舊曆的新年，也有新曆的新年（元旦）。按舊曆計算，新正應該拜年；按新曆計算，元旦也應該拜年，所以現代人一年能拜兩次年。

宋朝只有舊曆，沒有新曆，只有新正，沒有元旦（雖然宋朝人有時會將新正稱為「元旦」，但彼時的元旦並非現在的元旦），即便如此，宋朝官員每年仍然要向皇帝拜年兩回：冬至拜一次，新正再拜一次。

冬至那天一大早，所有六品以上的京官都要進宮給皇帝拜年，時稱「排冬仗」；新正那天一大早，所有七品以上的京官都要進宮給皇帝拜年，時稱「排正仗」。

按照宋朝慣例，地方官除非任期已滿或奉有特詔，不能離開任職所在地一步，所以到了冬至和新正期間，他們沒辦法親自進宮，但要給皇帝寫賀卡，並將賀卡提前半月寄到京城。換句話說，宋朝地方官是透過寄賀卡的方式向皇帝拜年。

賀卡有固定格式，全是用四六駢文寫成猛拍皇帝馬屁的吉祥話，讀起來非常肉麻。比如說宋哲宗元祐四年（一〇八九年），蘇東坡在杭州知府任上為皇帝寫的冬至賀卡是這樣的：

> 東方發律，氣迎萬物之新。南面受圖，禮勤三朝之始。惟聖時憲，自天降康，恭惟皇帝陛下文武生知，聖神天縱。舊邦新命，既光啟於前人；大德小心，以昭事於上帝。臣久塵從橐，外領藩符，敢傾葵藿之心，仰獻松椿之壽。

宋哲宗年少氣盛，剛愎自用，將國家搞得一團糟，蘇東坡卻要誇他「文武生知」、「聖神天縱」，文武雙全，聰明絕頂，一生下來就英明睿智，偉大宏壯。

一個月後，新年將近，蘇東坡又給宋哲宗寫了一份新正賀卡：

月臨天統，首冠於三正；氣應黃鐘，復來於七日。君道浸長，陽德光亨。恭惟皇帝陛下清明在躬，仁孝遍物。垂衣南面，天何言而四時成；問孝西清，日將旦而群陰伏。蠻夷奔走，年穀順成。豈惟四海之歡心，自識三靈之陰贊。臣祗應詔命，恪守郡符，身雖在江湖，顏不忘於咫尺。敢同率土，惟祝後天。

這份賀卡中，他誇哲宗皇帝「清明在躬」、「仁孝遍物」、「蠻夷奔走」、「年穀順成」，既英明神武，又仁厚慈愛，自從登基以來，將西邊的西夏和北邊的大遼收拾得服服貼貼，老百姓的日子也愈過愈好，風調雨順，五穀豐登，糧食多得吃不完。

寫這些賀卡的時候，蘇東坡未必是出於真心，可能連他自己都覺得過分虛偽、過分肉麻，但他還是不能不寫，因為每一個地方官都要寫，不寫就是對皇帝的大不敬。

京官進宮大拜年

地方官只寫賀卡，屬於隔空拜年，京官還要親自進宮，在極其複雜的禮儀下向皇帝磕頭。

《宋會要輯稿．禮志》第八章第二節〈正旦賀朝儀〉詳細記載了宋朝京官進宮拜年的禮節：

大年初一，凌晨五點，宋朝最大的宮殿大慶殿外，殿南的空地上站滿了文武百官。

在贊禮官的引導下，宰相、副相、樞密使邁著方步進入大殿，走到丹墀之下，然後排成一排，躬身站立，宰相居中，副相和樞密使分列左右。

在贊禮官的引導下，皇太子也走進大殿，他走到宰相、副相和樞密使的前面，選一個靠近御座的位置，躬身站好。

大殿外面，其餘官員接受點名，然後按照品級魚貫入殿。

所有官員入殿之後，贊禮官走到丹墀之下，向空無一人的御座高聲通報：「警畢！」然後就有一個大太監雙手捧著一面金牌跑入後宮，向皇帝通報人已到齊。這時候，皇帝才穿著蟒袍緩緩出來，走到御座前坐下。隨侍太監甩一下鑾鞭，「啪」的一聲，整個大殿立即寂靜下來，連咳嗽聲都聽不到。

贊禮官走到御座前面，給皇帝磕四個頭，高呼「吾皇萬歲萬萬歲」，然後退到一旁，躬身站立。

皇太子帶頭，宰相、副相、樞密使、文武百官一起躬身，齊呼「萬歲」。贊禮官朝他們喊道：「起居！」他們就一起跪下為皇帝磕頭。

贊禮官又喊道：「再拜！」皇太子及百官再次磕頭。

如此這般反覆磕頭，直到磕完九次，皇帝會微微點一下頭，這時候贊禮官喊道：「奉旨放仗！」太子及百官集體謝恩，躬身卻步退出大慶殿，為皇帝拜年的大禮宣告完成。

拜完年，天已大亮，百官是不是可以回家了呢？不行，因為他們還要接受皇帝的賜宴，還要陪皇帝觀看教坊司藝人的演出。

皇帝賜宴的禮儀也是非常繁瑣的。按《宋史》一一三卷記載，皇帝賜百官飲宴的時候，他自己要坐在正殿，面南背北，單人單席，坐龍椅，用黃綾當桌布；太子、親王、宰相、副相、樞密使、樞密副使、各部尚書以及進京述職的高級將領和高級地方官也坐在正殿上，不過不再是單人單席了，而是聚餐制，每四人或者六人共用一個餐桌，每人坐一個繡墩，用紅綾當桌布。這些餐桌分成東西兩排，太子、親王和勳貴們坐東邊那排，宰相、副相、樞密使和各部尚書坐西邊那排。

級別稍微低一些的文官、武將沒有資格在正殿吃飯，只能去偏殿，偏殿裡的餐桌比正殿裡的餐桌矮一些，座位也比正殿矮一些。當你從莊嚴肅穆的正殿來到觥籌交錯的偏殿之後，會發現偏殿裡的食客整體上比正殿裡的食客矮一截，當然不是身高的原因，而是坐具偏低的緣故。

級別最低的文官、武將連在偏殿吃飯的資格都沒有，得去外面走廊裡就座。他們的餐桌最矮，坐具也最矮——每張餐桌旁邊鋪四條氈席，大家只能跪坐在餐桌旁邊吃喝，好像穿越到了跪坐盛行的隋唐以前。

品級不同，所用的餐具也不一樣：「殿上器用金，餘以銀。」[7]宰相、副相、樞密使、皇太子等核心人物陪皇帝在大殿之上進餐，用的是金杯、金碗，其餘官員在偏殿和走廊裡進餐，只能用銀杯、銀碗。

註釋

7. 見《宋史》卷一一三〈嘉禮四・宴饗〉。

民間怎樣拜年？

民間拜年當然沒有這麼麻煩。

據司馬光《居家雜儀》：「賀冬至正旦六拜，朔望四拜。」兒孫在家要經常向長輩請安，每月初一和十五磕四個頭，到了冬至和大年初一磕六個頭。

磕頭的時候，不能光磕不說話，還要「唱喏」。什麼是唱喏？其實就是有禮貌的打招呼。

打個比方說，西門慶和潘金蓮打招呼：「娘子別來無恙？」這就是唱喏。潘金蓮和西門慶打招呼：「大官人一向安好？」這也是唱喏。告狀的民女見了縣太爺，趴在地上磕頭，邊磕邊喊：「民婦給大老爺磕頭了！」也屬於唱喏。電影裡的太監見了慈禧，扯著公鴨嗓高喊一聲「老佛爺吉祥」，同樣是唱喏。宋朝話本《西山一窟鬼》裡的小學生在放學時候和私塾先生告別：「教授早早將息。」意思是老師您早點兒休息，還是唱喏。包括老外見面隨口說一聲「Good morning.」或者「What's up?」，在宋朝都可以歸類到唱喏裡去。

拜年的唱喏還可以細分。

按問候的重複次數分，有「唱單喏」、「唱雙喏」和「唱三個喏」之別。譬如學生向老師問候「老師過年好」，只問候一句，叫唱單喏，連喊兩聲，是唱雙喏，如果像複讀機一樣連喊三聲「老師過年好」，就是唱三個喏。宋朝人認為同一句問候語說得愈多遍，表示愈尊重，所以唱三個喏要比唱單喏禮敬得多。

按問候的內容和語氣分，又能分成「唱喏」、「唱大喏」和「唱肥喏」。我們現代人拜年，普普通通一句「Happy new year.」，只有客氣的意思，沒有敬重的意思，屬於「唱喏」；如果誠心誠意祝福某個小孩「食甜甜乎你快大漢」，不光客氣，而且發自肺腑，那就叫「唱大喏」；假如見了多年不見的親友，情不自禁撲過去擁抱，邊擁抱邊說「我想死你了」，就相當於宋朝人「唱肥喏」的層次和意境了。

磕頭唱喏是晚輩給長輩拜年的規矩，如果是平輩之間互相拜年，就無需磕頭了，只需要作揖或者「叉手」就行了。叉手可不是指十指交叉，而是用左手的食指、中指、無名指和小指去抓右手的大拇指，將左手大拇指高高翹起來，再將右手的食指、中指、無名指和小指向左下方平平伸開。兩隻手這樣交叉以後，還要懸在胸口，但是不能貼身，要和前胸保持一點距離，好像是護住心口一樣，這樣的禮節就是叉手。

叉手是宋朝男士和陌生人見面時常用的禮節，該禮節比作揖要輕一些，比磕頭就更輕了。百姓見官員要磕頭，晚輩見長輩要作揖，而在摸不清對方的身分和輩分之前，叉手是最安全的行禮方式，既能表示客氣和尊重，又不會顯得過於客氣和尊重。

當然，叉手的時候也要唱喏。比如說宋朝兩個平輩論交的年輕人在大年初一那天碰了面，他們會停住腳，隔著兩、三尺的距離相向而立，互相和對方叉手，邊叉手邊說「過年好」。

壓歲錢怎麼給？

中國的老規矩，小孩給大人拜年，大人照例要發給小孩紅包，也就是壓歲錢。

壓歲錢在宋朝不叫壓歲錢，而是稱為「隨年錢」。「隨年」有兩種涵義：第一，在過年的時候發放；第二，根據對方的年齡發放。

《舊五代史．劉銖傳》載：

> 劉銖每親事，小有忤旨，即令倒曳而出，至數百步外方止，膚體無完者。每杖人，遣雙杖對下，謂之「合歡杖」；或杖人如其歲數，謂之「隨年杖」。

五代十國時期的後晉宰相劉銖專橫跋扈，常用大棍打人，有時候雙棍齊下，稱為「合歡杖」；有時候根據受刑者的年齡來決定打多少，叫做「隨年杖」。在這個典故中，「隨年」即是根據年齡的意思。

臺灣朋友給小孩子發壓歲錢，忌諱發奇數，比如說八元、十元、一百元都行，不宜發給七元、九元、九十九元；大陸無此忌諱，在筆者的老家豫東平原，近年來流行發給孩子九十九元和九百九十九元的紅包，因為九這個數字雖為奇數，卻代表「長久」。

宋朝人給小孩發壓歲錢更不忌諱奇數，因為他們是按小孩的年齡來發的。小明今年虛歲十歲，發給他一個十元的紅包；小芳今年虛歲十一歲，發給她一個十一元的紅包。年齡不全是偶數，壓歲錢自然也不全是偶數。

北宋高僧道原編寫的禪宗燈史《景德傳燈錄》載有一則典故：

> 昔有施主婦人入院，行眾僧隨年錢。僧曰：「聖僧前著一分。」婦人曰：「聖僧年多少？」僧無對。

大概是過年的時候，有一位女居士進廟拜香，為眾僧發放壓歲錢。一個和尚大言不慚地說：「女施主，我是聖僧，妳要多發給我一份！」女居士問他：「您這位聖僧今年多大了？」和尚張口結舌，說不出話來了。

和尚為什麼會張口結舌呢？因為當時的壓歲錢一向是按照年齡來發的，即便是聖僧也不例外。他想讓人家多給他一份壓歲錢，人家自然要問他的年齡是不是比別人大一倍，而他不敢在年齡上撒謊，只好默默無言了。

這則典故告訴我們，一個人的年齡決定了壓歲錢的多少——這也是宋朝人之所以將壓歲錢叫做「隨年錢」的關鍵原因。

不過宋朝還有一種壓歲錢是和年齡無關的，那就是宋朝后妃為皇子掛在床頭上以鎮壓邪祟的那一串壓歲錢。據《武林舊事》描述，這串壓歲錢乃「隨年金錢一百二十文」，也就是將一百二十枚金幣串在一起，串成沉甸甸的一大串，祝福皇子福壽綿長，整整活到一百二十歲。臺灣民間也有此風俗，俗稱「吃百二」，不過現在「吃百二」已經不是皇子獨享的福利了，每個小孩子都有可能享受得到。

捌 08

正月天 無賭不歡

從祭灶到除夕，家中百神上天，自此百無禁忌，掃房子，辦年貨，娶媳婦，嫁閨女，想做啥都行，無需看黃曆，日日是好日。

新年一到，禁忌又回來了，不但回來，還比以前更多了。按北宋習俗，從大年初一到正月初五，不宜剃頭，不宜洗衣，不宜縫補，不宜清淤，工人不宜上班，農民不宜下田，官老爺不宜問案，讀書人不宜溫卷，總之各種累人的事情都不應該做，各行各業都應該徹底放鬆下來好好休息。

既然上天要求休息，那就休息好了。只是我等凡夫俗子勞心勞力慣了，什麼事都不做反倒受不了，為了打發百無聊賴的新年時光，守完歲、拜完年、發完壓歲錢之後，看膩了滿街滿巷的鬼臉儺戲和江湖雜耍之後，大家拖著疲憊的身軀回到家中，坐下來，開始賭博。

正月開放三天賭禁

《東京夢華錄》載：「正月一日年節，開封府放關撲三日。」關撲是帶有賭博性質的銷售方式，平時不允許，節慶時節明令開放。

《新編醉翁談錄》載：「（正月）三日，放士庶賭博。」從正月初一到正月初三，朝廷開放賭博禁令，允許士農工商自由參賭。

宋朝皇帝是很有人情味的，明知老百姓過年會賭博，如果派員警上門抓賭，肯定是抓不勝抓。既然抓不勝抓，乾脆完全開放，讓大家放心大膽地去賭好了。

過年時允許賭博，平時當然就不允許了。

早在北宋初年，朝廷沿用唐朝法律：「諸博戲賭財物者，各杖一百。」[8]賭錢之人逮捕歸案，打一百大板。

宋太宗頒布了更為嚴格的詔令：「（賭博）犯者斬，隱匿而不以聞及居人邸舍僦與惡少為櫃坊者同罪。」[9]對賭博者判處砍頭的死刑。即使你不賭博，但是發現他人賭博而不舉報，或者為他人提供賭博場地者，同樣會被判處死刑。

宋理宗在位時，蘇州市長（平江知府）兼浙江省警察廳長（浙西提刑）胡穎厲行禁賭，查獲居民曾細三及熊幼等人賭博一案，因曾細三主動投案，免予刑罰，但須背插紙旗，遊街示眾；熊幼拒不自首，被打一百大板，差點一命嗚呼。同案還有一個開賭場的袁六二，也被打了一百大板，其賭場被搗毀。此外又有兩個閒漢在曾、熊等人賭博時圍觀，雖未參與賭錢，但因遊手好閒，不務正業，竟也受到刑罰，分別被胡穎打了八十大板[10]。

可以想見，在上述嚴刑峻法的威懾之下，宋朝百姓應該不敢明目張膽地賭博，只有到了大型節慶，例如冬至、寒食與過年的時候，才能放下一切顧慮，開開心心大賭幾天。如《武林舊事》載：「三日之內，店肆皆罷市，垂簾飲博。」在政府開放賭禁的三天之內，店鋪都關了門，大家守在家裡喝酒賭博，煞是開心。

當然，賭博分為兩種，一種是真正的賭博，為了贏錢而去賭，俗稱「賭錢」，這在平日自然要被官府嚴厲禁止；還有一種純粹娛樂性質的賭博，不圖輸贏，只為消遣，像這種比較健康、比較陽光的賭博在宋朝叫做「博戲」，即使不逢節慶，官府也是要對它網開一面的。

註釋

8. 參見《宋刑統》。
9. 參見《宋會要輯稿．刑法》二之四。
10. 此案詳情可參見《名公書判清明集》卷十四。

宋朝人怎樣賭錢？

宋朝新年最為普及的博戲是「擲錢」：玩家取三枚銅錢（俗稱「頭錢」），同時擲於地上，視正面朝上還是背面朝上為輸贏。

《水滸傳》第三十八回，李逵在江州城外小張乙賭房和人賭錢，玩的就是擲錢：

當時李逵慌忙跑出城外小張乙賭房裡來，便去場上，將這十兩銀子撇在地下，叫道：「把頭錢過來我博！」那小張乙得知李逵從來賭直，便道：「大哥，且歇這一博，下來便是你博。」李逵道：「我要先賭這一博。」小張乙道：「你便傍猜也好。」李逵道：「我不傍猜，只要博這一博，五兩銀子做一注。」有那一般賭的，卻待要博，被李逵劈手奪過頭錢來，便叫道：「我博兀誰？」小張乙道：「便博我五兩銀子。」李逵叫一聲，疙瘩地博一個叉。小張乙便拿了銀子過來。李逵叫道：「我的銀子是十兩。」小張乙道：「你再博我五兩，快，便還了你這錠銀子。」李逵又拿起頭錢，叫聲：「快！」疙瘩的又博個叉。小張乙笑道：「我教你休搶頭錢，且歇一博，不聽我口，如今一連博了兩個叉。」李逵道：「我這銀子是別人的。」小張乙道：「遮莫是誰的，也不濟事了。你既輸了，卻說什麼！」

在這場賭局中，將三枚頭錢擲在地上，如果兩枚背面朝上、一枚正面朝上，賭行稱之為「快」；如果兩枚正面朝上、一枚背面朝上，賭行稱之為「叉」；如果三枚頭錢均為背面朝上，則叫「純成」（又叫「渾成」）。李逵如果能擲出一個「快」來，可贏對方五兩銀子；如果能擲出一個「純成」，可贏對方十兩銀子。可惜他手氣不濟，連擲了兩次，兩次都是「叉」，一文錢沒贏到，反倒輸給人家十兩。

擲錢的玩法不止一種，像李逵那樣每擲一次就要計算一次輸贏，屬於最簡單、最直白的玩法，所以《水滸傳》中說「李逵從來賭直」。還有一種玩法在南宋很流行，時稱「三文十純」，意思是參賭雙方用三枚頭錢交替擲，看誰最先得到「十純」。什麼是十純呢？就是累計出現十次純成，也就是三枚頭錢背面均朝上的結果累計出現十次。

比「三文十純」難度更高的玩法是「三文三純」：參賭雙方用三枚頭錢交替擲，以某一方連續三次擲出純成為勝出。

三枚頭錢擲在地上，可能出現八種結果，這八種結果當中只有一種是純成。換言之，一次擲出純成的概率是八分之一。那麼連擲三次均為純成的概率又是多少呢？學過概率的朋友應該可以算出來，只有五百一十二分之一。這麼低的概率，幾個玩家從大年初一玩到大年初三，也不一定會有一個人連續三次擲出純成，最後只能搞得所有人惱羞成怒，憤而掀桌。所以對絕大多數人來說，「三文三純」的擲錢遊戲並不具有吸引力。

宋朝還流行一種名曰「意錢」的博戲。「意」有猜的意思，「意錢」其實就是猜錢。怎麼猜？需要準備四枚銅錢和一個小碗，先將銅錢放在碗裡，一手捂住碗口，一手托

【捌】

正月天，無賭不歡

住碗底，嘩啦嘩啦搖上一陣，然後迅速倒扣在桌子上，讓玩家來猜。

意錢也有幾個術語，分別為「乂」、「快」、「背間」、「純背」。三枚銅錢背面朝上為「乂」，三枚銅錢正面朝上為「快」，兩枚銅錢正面朝上、兩枚銅錢背面朝上為「背間」，四枚銅錢均朝同一個方向為「純背」。如果您猜的是乂，把碗翻開，確實有三枚銅錢背面朝上，您就贏了；如果不是這個結果，那您就輸了。由於完全猜中的機率很小，所以玩這個遊戲的時候一定要給玩家設定一個比較有吸引力的獎品，比如說猜不中最多會被彈耳朵，猜中了卻能得到一本《過一個歡樂的宋朝新年》。

宋朝人這樣玩骰子

明朝人潘之恆在賭戲著作《六博譜》中寫道：

宣和譜，宋徽宗時宮中之戲也，流傳人間久矣。當其法，四同之外，以二合之，分而計之，以取盈也。

這段話的意思是說，宋徽宗時，宮廷之中流傳一種骰子戲，名曰「宣和譜」。這種骰子戲是怎麼玩的呢？就是每次擲出六個骰子，若無四骰同色，則不計數；若有四骰同色，則將不同色的二骰點數加起來，對六求餘，算出得數，然後再擲，並加上次得數；如果投擲兩次得數之和為六，則勝過投擲三次得數之和為六。

沒玩過骰子的朋友讀了這番解釋，可能會更加不知所云，正所謂「你不說我還明白，你愈說我愈糊塗」了。其實玩法並不算非常複雜，容我舉個例子就清楚了。

大家知道每個骰子都是正六面體，都有六個面，每個面上都有一個或者多個凹點，其凹點的數量最小是一，最大是六。

ＯＫ，您拿出六個骰子，嘩啦撒到桌子上，待骰子靜止下來，其結果必然是各有一面朝上，朝上的那面分別呈現出數目不同的凹點。如果其中有四個骰子朝上那面的凹點數目完全相同（無論是一、是二、是三、是四、是五，還是六，只要相同就行），那麼就將剩餘兩個骰子的點數加起來，將相加之和除以六（如果相加之和小於六，無需再除），並記下得到的餘數；然後接著擲骰子，重複上述過程，只要有四個骰子點數相同，就將剩餘兩個骰子點數相加，用相加之和除以六，再記下得到的餘數，並和上次所得的餘數相加……如此這般循環下去，什麼時候所得的餘數之和大於或等於六，就可以停止，記下所擲的次數，和其他玩家比較。如果您擲了三次，而其他玩家擲了三次以上，您就可以勝出。

單從計分規則上看，上述玩法有些像打高爾夫球——高爾夫運動中的比桿賽是以最少的桿數打完十八個洞者為勝，而「宣和譜」這種骰子戲則是以最少的擲骰次數滿足「餘數相加大於或等於六」這個結果者為勝。

如前所述，宣和譜是宮廷之中流傳的骰子戲，宮廷后妃多閒暇，且大多冰雪聰明，既有過剩的精力，也有過剩的智力，所以才能把簡單的擲骰子發展得有聲有色，含糊不得，既要擲骰比點數，又要不停地進行數學運算。如果是李逵那樣的市井蠻漢，絕對不會去玩宣和譜，而應該直來直去玩擲錢才對。硬要他們玩骰子的話，肯定也是揎袖攘臂，開寶盅猜大小。

與李清照一起「打馬」

現代科技日新月異，新年賭戲也日新月異，宋朝時最盛行的擲錢、意錢、擲骰子，現在都沒有人玩了。十幾年前臺灣人過年，還有人玩「博三叩」，也是用三枚銅錢擲在地上，視其字背為勝負，和李逵當年在賭房裡玩的擲錢差不多，但是現在連博三叩都絕跡了。

現代人過年玩什麼？玩手機、玩微信、玩LINE、玩臉書，這些虛擬的社交平臺玩膩了，才會和親朋好友打打小牌、搓搓麻將。想讓現代白領上班族學宋朝后妃去玩宣和譜？做夢！打開電腦玩WOW，比擲骰子加計算刺激多了！

不過我們千萬不能因為宋朝賭戲不夠刺激而將宋朝人看扁，宋朝科技雖遠遜於今天，但是在遊戲上花費的精力和表現出的智力，照樣能讓我們嘆為觀止。

就拿李清照來說吧，她既擅長填詞，又精於收藏；既會擲骰子，又會「玩葉子」（古代的紙牌遊戲），同時還特別喜歡「打馬」，並用她優美的文辭和精煉的語言為這種遊戲編寫了一本入門指南《打馬圖經》。

透過李清照編寫的《打馬圖經》可以看出，我們現代人愛玩的麻將其實正是從宋朝的打馬演變而來的：打馬先演變為「馬吊」（一種紙牌），再演變為麻將。論輩分，麻將應該喊打馬為爺爺，只是因為經過了好幾百年的歲月變遷，兩者的長相相差甚遠，看起來彷彿沒有遺傳關係。

麻將通常是四個人玩，要麼就三個人玩，打馬卻非常自由，最多可以是五個人，最少可以是兩個人。

麻將牌是方形的，上面刻字，打馬時用的棋子卻是圓形的，中間有孔，外圓內方，狀如銅錢，背面刻著造型各異的駿馬，正面刻著馬的名稱，例如「黃驃」、「赤兔」、「烏騅」、「的盧」、「白驄」、「青駿」等。宋朝人管這些棋子叫「打馬錢」。

麻將開局要擲骰子，通常只擲一次，用來決定誰先拿牌。打馬也要擲骰子，而且要擲很多次，每走一步都要擲一次骰子，骰子的點數決定走子的步數。另外，麻將桌上一般只用兩枚骰子，打馬卻要用三枚骰子。

打麻將不需要棋盤，打馬卻需要棋盤，它的棋盤和圍棋、象棋都不一樣，就像兩支用方格組成的曲尺，曲尺圍合的部分是一大片空白，空白四周總共有九十一個方格，每個方格裡都寫著字。玩家走子的時候，要把那些打馬錢放到方格裡，從第一個方格開始走，然後按照骰子的點數組合往前挪動，誰最先把自己的打馬錢全部挪到最後一個方格，誰就勝出。這玩法類似現今「大富翁」之類的桌遊。

這張圖是我根據《打馬圖經》畫出來的打馬棋盤（見下頁），棋盤上的箭頭表示走子的方向和順序：

在這張棋盤上，標著「赤岸驛」三個字的方格是玩家走子的起點，標著「尚

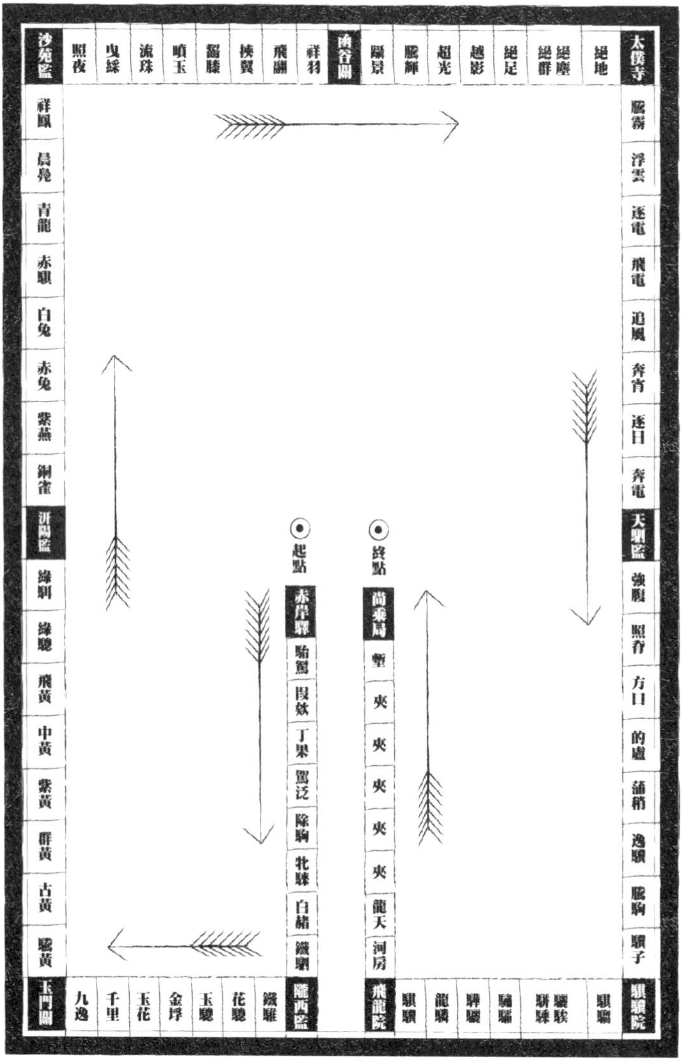
沙苑監
照夜
流珠
噴玉
飛龍
祥羽
函谷關
騰輝
超光
越影
絕足
絕群
絕塵
絕地
太僕寺
騰霧
浮雲
逐電
飛電
追風
奔宵
逐日
奔電
天駟監
的盧
蒲梢
騰駒
驥子
騏驥院
騏驥
龍驤
騏騮
飛龍院
河房
龍天
夾
夾
夾
夾
夾
塹
尚乘局
終點
起點
赤岸驛
駘駑
丁果
除駒
白緒
鐵騮
隴西監
鐵騅
花驄
玉驄
金埒
玉花
千里
九逸
玉門關
驄黃
古黃
紫黃
中黃
飛黃
綠驄
汧陽監
銅雀
紫燕
赤兔
白兔
赤驥
青龍
晨凫
祥鳳

乘局」三個字的方格是玩家走子的終點。從「赤岸驛」開始走，下一步走到「駘駑」，再下一步走到「叚欵」，然後依次走到「丁果」、「駕泛」、「除駒」、「牝騄」、「白赭」、「鐵駟」、「隴西監」、「鐵騅」、「花驄」……再一路走到「飛龍院」、「河房」、「龍天」，然後還要再走過五個「夾」和一個「塹」，最後抵達「尚乘局」，遊戲結束。

現代人看了棋盤上這些晦澀難懂的標示，可能會滿頭霧水、不知所云，其實它們分別是地名和馬名。赤岸驛是國家邊境線上的驛站，隴西監是西域的養馬場，玉門關是從西域進入中原的通道，汧陽監是陝西的養馬場，沙苑監是京城郊外的養馬場，太僕寺是京城裡給兵部養馬的單位，天駟監是京城裡給皇室養馬的單位，騏驥院是給皇帝養馬的單位，飛龍院是皇帝的馬廄，尚乘局是侍候皇帝騎馬的機關。按照走子順序，玩家必須把手裡的「馬」（打馬錢）從赤岸驛趕入玉門關，再從玉門關趕到尚乘局，好比是一員大將率領兵馬從塞外殺回京城一樣。即將進入尚乘局的時候，還要經過幾個標注「夾」和「塹」的方格，這些方格相當於絆馬索和陷馬坑，意思是玩家想得到最後的勝利，必須突破層層阻礙。至於騙鴦、丁果、鐵騮、玉驄、千里、九逸等標注，全部都是馬的名稱，並沒有特別的涵義。

比如說您和李清照玩二人打馬，每人手裡有馬二十匹（即打馬錢二十枚），棋盤已經鋪好，兩人就座，開始擲骰子。

李清照先擲，她的手氣超好，三枚骰子全擲成了六點，三六一十八，表明她可以把手中十八枚打馬錢全放入第一格（按照依經馬的靈活玩法，她也可以用一枚打馬錢連走十八步，從第一格赤岸驛走到第十八格「九逸」）；然後輪到您擲骰子，您的手氣也不錯，三枚骰子全擲成四點，三四一十二，您可以把手中十二枚打馬錢全放入第一格（或者用一枚打馬錢連走十二步）。

然後又是李清照擲骰子，這回壞了，她擲出了一個一點、一個兩點、一個三點，三枚骰子的點數加起來是六，是不是表明她可以走六格啊？NO，按照宋朝人打馬的遊戲規則，擲成這樣的組合屬於「罰采」，罰采的意思是自己不能走子，還要讓對方連走兩格。您很開心，立即又往第一格裡放下兩枚打馬錢。剛才您已經在第一格放了十二枚打馬錢了，現在又放兩枚，十四枚銅錢高高疊了起來，很是壯觀。走完這兩子，又輪到您擲骰子，擲出三個一點，這叫「滿盆星」，表明您可以再走三子。

總而言之，打馬就是這樣玩的，用一句話來概括，無非就是根據骰子的點數組合來移動打馬錢，讓它們按照固定的方向和順序前往終點。

既然走子的速度是由骰子來決定的，那麼擲骰子的手法在打馬過程中自然顯得非常重要。由此推想起來，李清照一定特別擅長擲骰子，像她這樣的人只要稍微訓練一下，就能成為打暗器的高手。

和司馬光比賽投壺

宋朝有一種遊戲比打馬更需要暗器功夫，它稱為「投壺」。顧名思義，就是拿著竹箭往酒壺的方向投過去，投進酒壺可以得分。

司馬光寫過一篇〈投壺新格〉，專門介紹怎樣投壺。他說，投壺之前，先擺酒席。酒席要擺到客廳裡，如果客廳太小，就擺到院子裡。千萬不要在臥室裡擺酒席，因為地方太小，沒辦法投壺。

酒席擺好，大家分東西兩排站立，主人站在東邊，客人站在西邊，雙方鞠躬行禮。然後主人發出邀請：「我準備了一只破壺、一捆壞箭，我們玩投壺好不好？」按照規矩，客人得推辭一番：「您已經備好那麼一大桌酒菜了，怎麼好意思再麻煩您陪我們投壺呢？」主人說：「不麻煩，不麻煩，大夥就別推辭了。」客人還得繼續推辭：「還是算了吧，我們心裡真過意不去。」主人堅持邀請，這時候客人得裝出一副恭敬不如從命的樣子，接受主人的邀請。

如此這般客套完了，主人捧出一捆箭和一只壺，把箭發給客人，把壺安放到酒席南邊，距離酒席大約兩支箭或者三支箭連起來那麼遠，然後大夥開始投壺，每人各扔五次，誰把箭投進了壺裡，主人就發給他一根或者幾根小棍子（籌碼）。大家都投完了，最後查查籌碼的數量，誰的籌碼比較少，就罰誰喝酒。

投壺用的壺是特製的，都是金屬製品，很高、很大，中間一個壺口，壺口兩邊鑲著兩只空心的壺耳。投壺用的箭也是特製的，比打仗用的箭輕得多，也細得多，必要的時候，還可以用削去刺皮的荊條代替。

投壺有很多種遊戲規則，最簡單的玩法是每次投一支箭，投進壺口給兩個籌碼，投進壺耳給一個籌碼，投到地上不給籌碼。比較複雜的玩法是每次投幾支箭，全部投進壺口給兩個籌碼，一支投進壺口，另外兩支分別投進壺耳，給三個籌碼，全部投進壺耳給一個籌碼，投到地上不給籌碼。

作為一種古老的酒宴博戲，投壺不光在宋朝流行，還風靡於其他朝代，從春秋、戰國一直流行到明朝中葉，但是不知道什麼緣故，到了清朝就被掃進歷史的垃圾堆了。我猜這和投壺的禮節太繁瑣有關，等主賓客套完了，一桌子熱菜全涼了，吃起來走味又不健康。另外投壺必須有寬闊的場地，現在酒店裡的包廂肯定不行，深度太小，壺得放到門外去，一箭飛出，把端菜的服務生給刺傷了，算你的？算我的？

玖

09

送窮、占卜博好運

從正月初二到正月底，宋朝人要做三件事：歸寧、送窮、探繭。

「歸寧」是我們所熟知的：女生出嫁以後、生子以後，以及每逢大型節慶的時候，例如端午、中秋、春節，一般都要回娘家去一趟，此之謂歸寧。只不過，現代女生春節歸寧，多以正月初二為正日；而宋朝女生春節歸寧，卻可以選擇初二、初四、初六當中的任何一天，倘若娘家父母已過世，則必須等到初三或初七回娘家。

「送窮」即送走窮鬼之意，這一風俗在大陸的關中平原和嶺南一帶仍有遺風，如關中農民多在正月初五送窮，嶺南鄉間多在正月初三送窮。宋朝送窮又有不同，如北宋開封送窮是在正月初六。

俗諺云：三里不同俗，十里不同風。時空不同，風俗會有很大區別，現代人過年，已不懂何謂「人日」，何謂「探繭」，而古人卻鄭重其事地將正月初一至正月初七依次定為雞日、狗日、豬日、羊日、牛日、馬日、人日。到了人日那天，宋朝人要吃春繭，並由此衍生出一種頗為好玩的家庭遊戲：探繭。欲知詳情如何，請聽我慢慢道來。

歸寧未必在初二

首先我們要知道，即使不逢過年，宋朝女生也有在成婚不久即歸寧的習俗，歸寧的時候還需要有女婿陪同。

孟元老《東京夢華錄》載：

婿往參婦家，謂之拜門，有力能趣辦，次日即往，謂之「復面拜門」。不然，三、七日皆可。

成婚第二天，新郎就要陪著新娘回娘家，如果來不及準備禮物，等到成婚第三天或者第七天也可以。

吳自牧《夢粱錄》載：

三日，女送冠花、彩緞、鵝蛋，以金銀缸兒盛油蜜，頓於盤中，四圍撒帖，套丁膠上於上，並以茶、餅、鵝、羊、果物等合送去婿家，謂之「送三朝禮」也。其兩新人於三日或七朝、九日，往女家行拜門禮。

成婚第三天，女方父母派人送禮給男家，然後新郎應在收到禮物的當天陪同新娘歸寧，歸寧時攜帶的禮物應該和女方父母送去的禮物同樣貴重。如果來不及備辦禮物，也可以在成婚第七天或者第九天歸寧。

以上兩條文獻詳略不等，內容相似，講的都是內地風俗。

南宋人周去非著有《嶺外代答》，記載廣西土著歸寧之風如下：

歲月之後，女既生子，乃與婿備禮歸寧。預知父母初必不納，先以醨酒入門，父母佯怒，擊碎之。婿因請託鄰里祈懇，父母始需索聘財，而後講翁婿之禮。

男娶女無需聘禮，女嫁男無需陪嫁，雙方無媒無聘，自由婚配，婚後也不回娘家探視，直到十月懷胎、一朝分娩，男方才大辦彩禮，然後陪著妻子，抱著嬰兒，一家三口去岳父母家走第一趟親戚。好玩的是，女方父母得知女兒歸寧，一定要假裝生氣，閉門不納，將女婿送來的酒罈扔到大門外，在女婿託人賠罪並補送彩禮之後，才讓他進門。更好玩的是，女婿早知道這一切會發生，所以送給岳父母的第一罈酒一定是又薄又劣的低檔酒，簡直和水差不多，以免被岳父扔掉好酒，暴殄天物。

南宋人洪皓著有《松漠紀聞》，記載中國東北某部落習俗如下：

> 貴游子弟及富家兒月夕被酒，則相率攜尊，馳馬戲飲。其地婦女聞其至，多聚觀之。間令侍坐，與之酒則飲，亦有起舞歌謳以侑觴者，邂逅相契，調謔往反，即載以歸。不為所顧者，至追逐馬足不遠數里。其攜去者，父母皆不問，留數歲，有子，始具茶食、酒數車歸寧，謂之「拜門」，因執子僕之禮。

和廣西土著差不多，這個部落的女孩子也是習慣未婚同居，等到待上一年甚至幾年以後，雙方生了孩子，再讓男方準備厚禮，陪同歸寧。

關於宋朝女生春節歸寧之風，南宋筆記《江陵鄉野錄》是這麼寫的：

昔諸侯之女既嫁，父母存，則歸寧，不然，則否。今鄉俗皆以正月二日、四日、六日歸寧父母，若父母已歿，則於三、七日寧於兄弟。

早在春秋戰國時期，諸侯之女就有歸寧父母的傳統，等到父母去世後，就永遠不再回娘家了。可是到了宋朝，無論娘家父母是否健在，到了正月都要歸寧。如果娘家父母還活著的話，可以在初二、初四、初六歸寧；如果娘家父母已去世，最好改到初三和初七那兩天去探望娘家兄弟。

由此可見，宋朝女生春節歸寧未必是在正月初二。

正月初六 送窮鬼

唐憲宗元和六年（八一一年）春節，大文學家韓愈寫了一篇〈送窮文〉，大意如下：

正月晦日這天，我（韓愈）讓奴僕送窮，吩咐他們用柳枝編馬車，用稻草紮小船，並在車廂和船艙裡放置乾糧。一切準備妥當，我向窮鬼做了三個揖，說：「已經給您準備了一輛車、一艘船、一碗飯、一杯酒，您吃好喝好，趕緊上路吧。」

我剛說完這句話，忽然從外面刮來一陣狂風，刮得雞飛狗跳、天昏地暗，空中似乎還隱隱傳來鬼哭狼嚎的聲音，使我渾身汗毛直豎起來。這陣風過後，我眼前那隻用泥土塑成的窮鬼忽然說話了：「哥兒們，幹嘛趕我走呢？你難道不知道我陪伴你四十多年了嗎？自從你來到這個世上那天起，我就一直跟著你。你走路時，我在你身邊；你讀書時，我在你身邊；你下田種地，我在你身邊；你進京求官，我在你身邊；你們家的灶君趕我走，我在你身邊；你們家的門神趕我走，我還在你身邊。我陪了你這麼久，和你的感情比任何人都要深厚，任何人都拆散不了我們，任何神都別想讓我離開。我是你最忠實的奴僕，是你最親密的夥伴，你怎麼捨得趕我走呢？」

我聽窮鬼講完這一大堆甜言蜜語，並沒有中計。我指著窮鬼的鼻子，聲色俱厲地喝道：「別以為我傻，我早就識破你們這些窮鬼的真面目了！你們有的是智窮鬼，讓人忠厚老實；有的是學窮鬼，讓人清高自負；有的是文窮鬼，讓人寫不出歌功頌德的馬屁文章；有的是命窮鬼，讓人吃虧在前，享樂在後，好事輪不到，壞事自己扛；有的是交窮鬼，讓人處處碰壁，飽受奸詐小人的欺侮與陷害。總而言之，你們這些窮鬼沒一個好的，你們無論跟著誰，誰都會倒一輩子楣，永遠受窮受氣，一輩子過不上好日子。」

面對我的斥罵，窮鬼非但不生氣，還鼓掌大笑，笑得前仰後合，一副很開心很、自豪的樣子。然後他又以大人教訓小孩的口氣對我說：「小韓啊小韓，我本來以為你很聰明，哪知道你竟然這麼笨！你剛才講的那些都沒錯，我們窮鬼確實能讓人忠厚老實、性情耿直、難以飛黃騰達、只能到處碰壁，可是你不覺得這樣挺可貴嗎？我們跟你一生，你一生都是君子；我們不跟你，你很快變成小人。你說到底是富貴的小人可貴呢，還是清貧的君子更可貴？」

我思索了好一陣子，最後只能垂頭喪氣地向窮鬼道歉：「我錯了，再也不趕你走了。」於是窮鬼又得意地附到了我身上。

很明顯，韓愈這篇文章的重心並不是送窮，而是諷刺社會的不公：在善惡顛倒的專制社會裡，一個人想要有錢，就要丟掉良知，去當混蛋；而想要保持良心呢，就只能安安生生做一個窮光蛋了。

不過我們也可以從他的文章裡看出一些社會習俗：第一，唐朝流行在春節期間送窮；

第二，送窮的日期是正月晦日；第三，送窮需要道具，主要道具是柳枝編成的馬車和稻草紮成的小船，用於讓窮鬼乘坐。

正月晦日送窮的習俗在唐人詩句裡也有反映。如姚合〈晦日送窮〉：

年年到此日，瀝酒拜街中。萬戶千門看，無人不送窮。

到了正月晦日那天，家家戶戶都送窮。再如李郢〈正月晦日書事〉：

詩書奴婢晨占鵬，鹽米妻兒夜送窮。

送窮的具體時間是正月晦日那天夜裡。

何謂「正月晦日」？正月的最後一天是也。舊曆月分有大有小，大月三十天，小月二十九天，所以唐朝人一般在正月三十或者正月二十九送窮。

晚唐畫家陳惟岳繪有《送窮圖》，原圖已經找不著了，宋朝文人董逌在《廣川畫跋》中描述過這幅圖：「其畫窮女，形露猥㥘，作伶仃態，束芻人立，曳薪船行。」圖上畫的窮鬼是女性裝扮，身形極瘦，皮包骨頭，穿得破破爛爛，腰間束一根草繩，身後拖著一艘運送乾柴的小木船。說明至少在晚唐時期，人們心目中的窮鬼就是長這個樣子。

已故國學大家章太炎先生的老師俞曲園早年編訂《茶香室三鈔》，收錄了宋朝無名氏〈臨江仙〉一闋：

> 正月月盡夕，芭蕉船一只。燈盞兩只明輝輝，內裡更有筵席。奉勸郎君小娘子，飽吃莫形跡。每年只有今日月，願我做來稱意。奉勸郎君小娘子，空去送窮鬼，空去送窮鬼。

這是一闋描寫宋朝送窮情形的詞，詞意簡單明瞭：正月最後一天的夜裡，人們用芭蕉葉做小船，船上燃燈，燈下設宴，將窮鬼放在船上，送其遠去。「郎君小娘子」是對窮鬼的稱呼，說明窮鬼在宋朝人心目中的形象可能不再是單身女子，而是一對年紀很輕的少年夫婦了。

但是正如本章開頭所說，三里不同俗，十里不同風，兩宋延續三百年，疆域跨越幾千里，習俗不可能完全一樣。據金盈之《新編醉翁談錄》，北宋開封流行在正月初六那天送窮：

> 初六日……探聚糞壤，人未行時，以煎餅七枚覆其上，棄之通衢以送窮。

初六凌晨，大多數人還沒出門的時候，從院子裡的垃圾堆上鏟起一鏟子糞穢之物，用七張小煎餅蓋在上面，鏟到大街上，往地上一倒，扭頭回家，送窮的儀式就結束了。

看來北宋開封人將送窮儀式簡化到了極致，一不用編馬車，二不用紮小船，三不用為窮鬼塑像，四不用為窮鬼備辦宴席，一鏟糞土就是窮鬼的化身，七張煎餅就是窮鬼的祭禮。祭禮簡化是好事，省錢省時又省力，但是將家裡的糞土鏟到街上去，卻破壞公共衛生，有悖公序良俗，絕對不值得提倡。

另外，如此送窮也涉嫌浪費糧食。古人祭祀，無論是祭神還是祭祖，祭後都會「散福」，也就是將供品分掉，大家分而食之，並不浪費。可是像北宋開封這樣，七張煎餅覆蓋於糞土之上，再丟棄於大街正中，肯定無法散福，即使是沿街討食的乞丐見了，也不太可能回收利用的——畢竟太髒了嘛！

「人日」的來歷

《新編醉翁談錄》又記載：

> 人日，造麵繭，以肉或素餡，其實厚皮饅頭，酸餡也。

到了「人日」那天，宋朝人以麵繭為主食。麵繭有包肉餡的，也有包素餡的，其實就是厚皮包子，有時候又被人們叫做「酸餡」。

據南宋洪邁《容齋隨筆》，至少在漢朝時期，中國人就把正月裡的前七天依次定為雞日、狗日、豬日、羊日、牛日、馬日、人日，即：

正月初一為雞日
正月初二為狗日
正月初三為豬日
正月初四為羊日
正月初五為牛日
正月初六為馬日
正月初七為人日

乍一瞧，好像古代中國也有上帝造人說——上帝在第一天造雞，第二天造狗，第三天造豬，第四天造羊，第五天造牛，第六天造馬，第七天造人。其實不然，古人之所以將正月頭七天用七種動物來命名，完全是為了占卜。

占卜什麼呢？占卜新的一年中，家禽、家畜與家人是否能夠平平安安。用洪邁的話說：「其日晴，則所主之物育，陰則災。」如果那天的天氣晴朗，則預示著所對應的動物會健康成長；如果那天是陰天，完了，預示著所對應的動物很可能活不過今年。

打個比方說，如果今年新正晴空萬里，搞養殖的朋友一定要辦養雞場——正月初一是雞日，雞日晴朗，預示雞會健康；如果今年初七烏雲密布，想懷孕的夫妻一定要等下一年——正月初七是人日，人日陰霾，預示人丁不旺。

杜甫詩云：「元日到人日，未有不陰時。冰雪鶯難至，春寒花較遲。」從初一到初七，天天陰天，哎，各種動物都遭殃，這一年倒楣透了。

陸游詩云：「今歲晴和曆歲無，江城歌舞溢通衢。天心只向人心卜，不用殷勤問紫姑。」這首詩的題目是〈今年開歲三日、上元三夕、立春、人日，皆大晴〉，從正月初一到正月初三（開歲三日），從正月十四到正月十六（上元三夕），從立春到人日（正月初七），都是大晴天，因為都是大晴天，所以家禽、家畜、家人都會大吉大利。

家禽、家畜是否吉利並不是最要緊的事，家人吉利才是絕大多數人共同的期望，所以呢，正月初七這個「人日」也就成了春節期間的一個重要節日。

初一
雞
初二
狗
初三
豬
初四
羊
初五
牛
初六
馬
初七
人

陳元靚《歲時廣記》提到：

七日鏤人戶上。

宋朝人到了正月初七那天，會用小刀在窗戶上雕刻一個人形圖案。

呂原明《歲時雜記》記載：

每月三七日，士庶拜謁醴泉觀真君，正月七日人盛，仍爭趍第一爐香。

醴泉觀是北宋開封的皇家道觀，位於開封東水門內，香火很旺，每逢初三和初七，善男信女競相進觀參拜，尤以正月初七為盛，大家天不明就趕到道觀大門口等著燒高香、搶燒第一炷香。

由此可見，宋朝人過正月初七，有三項活動是必不可少的：第一是在窗戶上面雕畫小人；第二是去道觀裡燒高香；第三項則是本節開頭提過的——吃酸餡，接下來且聽我細說分明。

正月初七吃「酸餡」

酸餡是麵繭的一種。

何謂「麵繭」？兩頭尖尖，中間略鼓，底下平平，頂端有棱，是一種形態古怪的厚皮包子。

南宋田園詩人范成大描寫過麵繭的造型：「兩頭纖纖探官繭，半白半黑鶴氅緣。腷腷膊膊上帖箭，磊磊落落封侯面。」官繭是機關小食堂加工的麵繭，兩頭纖纖探官繭，說明麵繭的確是兩頭尖尖、中間略鼓的長包子。為何管這種包子叫麵繭呢？因為它的樣子像蠶繭。

今日河南農村仍然有那種好似蠶繭一樣的長包子，做法極其簡單：將半發酵的麵團掐成小團，一一拍扁，擀成圓圓的、和手掌差不多大的麵皮，托在手中，放上內餡，將兩條弧邊對折、合攏、捏緊，再讓麵皮繼續發酵，待包子發得圓鼓鼓的，上籠蒸熟。坦白說，整個過程極像包餃子，只不過餃子不用發麵，通常採用煮熟的方式，不是蒸熟，而且皮也沒這麼厚，更沒這麼大罷了。

在今日河南，老百姓稱這種包子為「角子」，因為兩頭尖尖，有兩個角，因此得名。事實上宋朝人有時候也管叫角子，南宋夜市上有一種「水晶角兒」，就是用燙麵做皮的半透明狀長包子，因為它半透明，能看見裡面的餡料，好像水晶，所以叫水晶角兒。一部分研究宋朝飲食的朋友不明真相，望音生義，誤以為水晶角兒就是水晶餃子，進而下結論說宋朝人就管餃子叫角子，實在是大錯特錯。宋朝當然有餃子，可宋朝人只稱其為「餛飩」；宋朝當然也有餛飩，可宋朝人卻稱其為「餶飿」。兩宋三百年，「餃子」一詞從未誕生。

簡言之，角子即是麵繭，而麵繭卻不完全等於酸餡。酸餡的外形雖然可以斷定是兩頭尖尖的長包子，但未必所有的長包子都是酸餡，只有包了酸餡，才得以成為酸餡。

照我們現代人的常識，包子餡可葷可素、可鹹可甜，唯獨不應該酸，如果內餡都酸了，那說明包子腐壞了，沒有人會吃。可是不能用今人之心度古人之腹，我們不愛吃酸餡，不代表宋朝人不愛吃。

宋朝有一種飲料叫「漿水」，其實是發酵過的米湯，再加點糖，回鍋熱一熱。米湯稍為發酵，味道是酸的，酸中帶些甜，並且略有酒味，加糖回鍋，口感甚佳。現代中國當然不流行這種飲料，可是在韓國卻很流行，不知道是不是繼承了宋朝的遺風。

宋朝有一種米飯叫「水飯」，和今日大陸東北農村的過水米飯完全不同，是用熟米和半發酵米湯配製而成的稀粥，味道同樣是酸的，酸中略微帶些甜。

同樣的，宋朝人加工包子餡，一樣可以將餡料發酵一下，使其形成獨特的酸味，再包成那種兩頭尖尖的長包子，這才是真正的酸餡。

為了驗證發酵後的餡料能不能食用，我曾經用泡發的腐竹、摘蒂的木耳、洗淨切絲的小白菜做了一盆包子餡，撒上作料，醃半小時，再用保鮮膜密封，常溫下擱置一天一夜，第二天打開，酸氣撲鼻，然後用這種酸餡包了一鍋長包子。您猜怎麼著？蒸出的包子鼓鼓的，口感更加鬆軟，餡料更加爽口，連吃了四頓，也沒有拉肚子。

金盈之《新編醉翁談錄》寫得明白，酸餡的餡料或葷或素，我為啥只用蔬菜做實驗，而沒用肉餡呢？主要是因為肉比較貴，實驗成本比較高，萬一發酵失敗，我會挨老婆的罵；其次，在宋人詩話中，酸餡這種食品通常都是寺廟的常餐，以至於蘇東坡在諷刺和尚詩歌的時候，會說「有酸餡氣」。和尚大多食素，所以酸餡必然也是以素餡為主的。

金盈之又寫道：

> （人日造酸餡時）餡中置紙籤，或削作木，書官品，人自探取，以卜異時官之高下。

正月初七包酸餡的時候，宋朝人會在某些包子裡包入紙條或者小木牌，紙條和木牌上寫有官銜。酸餡蒸熟了，分給小孩子吃，小孩子一口咬下去，把牙硌了，掰開一瞧，是一根小木牌，上面刻著四個字：「戶部尚書。」爸爸、媽媽大喜：「好小子，有福氣，長大了能當財政部長！」

當然，不是所有的酸餡都包有刻了官銜的小木牌，大多數其實是不包的，每吃十個酸餡，能吃到一個包有木牌的就不錯了。鑒於其中的運氣成分很高，所以正月初七吃酸餡又叫「探酸餡」，別名「探鬮」。

以往，大陸北方人過年包餃子，常常會包一些硬幣進去，如果哪個小孩能吃到包了硬幣的餃子，就會開心地跳起來：「媽媽，媽媽，我吃到錢了，我將來會很有錢！」其場景及寓意和宋人在正月初七探鬮是非常相近的。

但是從安全角度考慮，今人往餃子裡包硬幣遠不如宋人往酸餡裡包木牌。您想啊，硬幣很小，萬一小孩子吃得急，一口吞下肚去，那可就慘了；而酸餡是長的，木牌也是長的，甭說小孩，大人也不可能一口吞下肚，大家探鬮的時候最多硌了牙，不妨事的。

拾 10

鬧元宵
狂歡尾聲

正月十五元宵節，又叫「上元節」，簡稱「上元」。北宋曹允正詩曰：「上元三夕過，一年節隨燈盡。」元宵節過完了，傳統意義上的春節也就結束了。因此我們這本《過一個歡樂的宋朝新年》以冬至開篇，以元宵收尾。

元宵節的主題是燈，如果沒有五彩繽紛的燈展，元宵節絕對會變得無趣之極。好在宋朝元宵有燈展，不但有，而且非常盛大、非常熱鬧、非常好玩。

元宵節的主食是湯圓，甜軟香糯的湯圓讓這個節日變得甜甜蜜蜜、團團圓圓。宋朝人過元宵一樣要吃湯圓，除了湯圓，他們還吃別的，例如焦䭔、瓠羹、蠶絲飯、蝌蚪羹、鹽豉湯，都是元宵節的節令美食。

宋朝人愛玩，愛熱鬧、愛娛樂、愛生活。兩宋都城在每年正月十五前後，皇宮以南的御街兩旁均有官方安排的各種盛大演出，包括雜技、魔術、馴獸、評書、說唱、樂曲……教坊藝人與民間藝人同臺，文武百官與庶民百姓共賞，而且都是免費觀看的。

ＯＫ，現在讓我們回到大宋，和宋朝人一起鬧元宵。

燈展從三天到五天

北宋初年，元宵燈展只有三天，即正月十四、正月十五和正月十六。這三天的晚上，全國各大城市「金吾不禁」，城門大開，徹夜不閉，街上也沒有宵禁，農民可以自由進城，市民可以徹夜不歸，大家開開心心觀看燈展。可是到了正月十六日的深夜或者正月十七日的凌晨，官府會強令收燈，城門會定時啟閉，官府委派的巡邏隊會在夜晚九點以後盤問甚至拘捕仍在外面逗留的行人。簡單一句話：過了正月十六，燈展就結束了。

宋太宗太平興國三年（九七八年），割據江南的吳越國王錢俶歸降大宋，將江浙版圖與家國財富雙手奉獻給宋太宗，太宗大喜，遂把第二年的元宵燈展延長了兩天，即正月十四開始，正月十八結束，自此「上元三夕」變成了「上元五夕」。

不過連續五天燈展的政策並沒有普及全國，只有首都可以那樣做，別的州府仍然只能辦三天燈展。大約二十年後，大臣張詠執政四川，平定叛亂，發展經濟，把四川治理得非常富庶。四川士紳都說：「我們這兒有錢，老百姓日子不比京城差，京城鬧元宵開放五天，我們這兒只辦三天，太少了。」張詠順應民意，將元宵燈展的開始時間提前了一天，從正月十三開始，仍在正月十六結束，允許四川百姓連耍四夜。

南宋初年，宋金交戰，宋高宗只顧著逃命，顧不上燈展，直到宋金議和之後的第三年（一一四三年），才宣布恢復元宵燈展，不過他規定的燈展時間只有三天。為什麼不像北宋京城那樣連續五天呢？主要是因為江南城市湧入了大批北方難民，住宅既稠密又簡陋，極容易失火，為了降低火災的發生率，必須縮短燈展的期限。

到了南宋中葉，戰事不興，政局安定，杭州、紹興、蘇州、南京等江南城市的街市布局和消防措施已經基本成熟，於是從京城杭州開始，三天燈展又延長到了五天。南宋陳元靚《歲時廣記》云：

杭益先為五夜觀燈，爾後諸郡但公帑、民力可辦者，多至五夜。

杭州率先將燈展延長到五天，其他城市也紛紛效仿，只要有錢、只要辦得起，就一直這樣辦下去。

把花燈戴在頭上

三天燈展也好，五天燈展也罷，只要我們在燈展期間來到宋朝，就會驚訝地發現一項奇觀：好多宋朝人竟然把花燈放到頭上，人在街頭漫步，燈在頭上閃爍。

金盈之《新編醉翁談錄》載：

> 婦人又為燈球燈籠，大如棗栗，加珠翠之飾，合城婦女競戴之。

宋朝的巧手工匠把燈籠打造得像棗子和栗子一般大小，再用珍珠和翡翠做裝飾，晶瑩剔透，光彩奪目，往頭髮上一插，成了最耀眼的飾品。到了元宵燈展的時候，滿城婦女都戴著這樣的燈飾上街。

呂原明《歲時雜記》也有類似記載：

京師上元節以熟棗搗炭，丸為彈，傅之鐵枝而點火，謂之「火楊梅」，亦以插從卒頭上。又作蓮花牡丹燈碗，從卒頂之。

女士們頭上戴燈，男人也一樣。在北宋京城開封的元宵節期間，達官顯貴和富商大賈出門，身後會跟著一群兵丁或男僕，這些跟班既要負責主人的安全，又要幫主人逞威風。用什麼樣的方式逞威風呢？就是把花燈放到頭上去。他們頭上的花燈分兩種，一種是蓮花狀或者牡丹狀的燈碗，一種是用鐵枝串起來的「火楊梅」。火楊梅是將乾棗磨粉、搗炭為屑，將棗粉、炭屑拌在一起，澆上油蠟，團成圓球，一一串到鐵樹上，點著了，放在頭頂，跟著主人上街。

頭上戴燈或許很好玩，但絕對不安全。宋朝男子多不剃髮，和女子一樣挽著高高的髮髻，髮髻上再固定著一盞蓮花牡丹燈碗或者一樹哧哧冒火的「火楊梅」，只能小心翼翼、亦步亦趨地走路。假如步子邁大了，唉，扯著蛋是小事，顛翻了頭上的花燈是大事，只要有一點明火落到頭髮上，救火肯定來不及，滿頭煩惱絲就清淨了，只好出家當和尚去。所以我們這些現代人到了宋朝只宜觀看，千萬不要模仿。

會噴水的超級花燈

腦袋上是沒有多大地方的，即使男女老幼人人戴燈，也戴不了多少，所以說宋朝最盛大的燈展肯定不在頭上。

據《東京夢華錄》以及《新編醉翁談錄》這兩部文獻記載，在北宋開封，從州橋沿著御街一直向北，直到皇宮的南門宣德門外，那裡才是燈展最集中的地方。

早在冬至剛剛到來的時候，開封府官員就開始為元宵節的燈展做準備了。他們派人在宣德門外搭建舞臺（以便讓皇帝和臣民共同觀看各路藝人的精彩表演），在御街兩旁安放欄杆，在全城主要街道的十字路口劃定場地（供燈展和表演之用），並出資協助全國各地的民間藝人進京排練（時稱「行放」，意即彩排），讓他們在燈展期間大顯身手。

當然，開封府更要出錢採購花燈，包括燈球、燈槊、絹燈、鏡燈、字燈、水燈、龍燈、鳳燈、走馬燈……還有很多巨型花燈無法搬運，只能就地紮造，故此開封府還要雇請高手匠人進京紮造這些巨型花燈。

開封府有錢，但僅靠官府出錢是不行的。為了妝點京師，也為了妝點自家的門面，開封城裡的高官和富商同樣為元宵燈展出資出力，在自家門口雇人紮造各種造型奇特的花燈。如此這般準備兩個月左右，元宵節終於來臨了，開封成了燈的世界：女士們頭上戴著燈，男僕們頭上戴著燈，小孩子手裡挑著燈，大家走上街頭，去十字路口賞燈，去皇宮南門看燈。

在皇宮南門宣德門外有一條東西大街，俗稱「潘樓街」，大街南側有一條一眼望不到盡頭的隔離帶，隔離帶中安放著全國最大的「棘盆燈」。

《東京夢華錄》載：

自燈山至宣德門樓橫大街，約百餘丈，用棘刺圍繞，謂之「棘盆」。內設兩長

忠 孝 仙

竿，高數十丈，以繒彩結束，紙糊百戲人物，懸於竿上，風動宛若飛仙。內設樂棚，差衙前樂人作樂雜戲。

這條隔離帶長達一百多丈，用帶刺的樹枝編成防護欄，防護欄內豎起兩根幾十丈高的巨竿，用彩色絲綢捆紮裝飾，竿上懸掛著紙糊的神仙、佛像、戲曲人物，風一吹，神佛皆動，就和活的一樣。這兩根巨竿中間是戲臺，開封府派藝人在此表演。

《新編醉翁談錄》載：

諸燈之最繁者，「棘盆燈」為上。是燈於上前為大樂坊，以棘為垣，所以節觀者謂之「棘盆」。山棚上、棘盆中，皆以木為仙佛、人物、車馬之像，盡集名娼，立山棚上。開封府奏衙前樂，送諸絕藝者在棘盆中，飛丸、走索、緣竿、擊劍之類。

棘盆燈是最龐大、最複雜的花燈。確切說，該燈不是一盞，而是由無數盞燈組成的長龍，是讓皇帝和臣民共同觀賞花燈與表演的集大成。

從宣德門到州橋是一段南北大街，俗稱「御街」。御街兩旁各有一條一眼望不到盡頭的隔離帶，隔離帶中架設燈山，高七丈，燈山上有走馬燈、皮影燈、神仙燈、龍鳳燈。燈山兩旁又各有一尊菩薩燈，即文殊菩薩與普賢菩薩塑像，文殊騎獅子，普賢騎白象，兩位菩薩身高數丈，眼放金光。金光即是燈光，匠人將菩薩的頭部鏤空，中置巨燈，燈光從眼孔裡射出來。這兩位菩薩都豎起一隻手掌，這隻手掌的五根手指比一般人的大腿還要粗，從手指的指尖裡分別噴出一股清水，好像五股瀑布般傾洩而下。

菩薩的手指怎麼會噴水呢？剛才說了，文殊、普賢兩位菩薩的中間是一座燈山，燈山的山頂有一個龐大的水櫃，這個水櫃透過隱藏的竹管與菩薩的胳膊連接起來。燈山後面還有一口水井，井口架著轆轤，開封府派幾名兵丁在那兒絞動轆轤，打出井水，不停地運到燈山上面的水櫃裡，最後從菩薩的指尖裡噴射出來。

燈展期間的保全措施

正月十五那天晚上，皇帝帶著太子、嬪妃和太監、宮女登上宣德樓，親自觀賞潘樓街的棘盆燈和御街的菩薩燈。

在宣德樓的下面、潘樓街的北側、棘盆燈的對面，臨街建有幾十座看臺，看臺上坐著宰相、副相、樞密使、六部尚書以及他們的家眷。皇帝在宣德樓上觀燈，這些大臣在樓下看臺上觀燈。

低級官員和黎民百姓沒有看臺，在街上挨挨擠擠地觀賞，將潘樓街和御街擠得水泄不通。那些有先見之明的聰明人兼有錢人為了觀燈方便，提前十幾天就在臨街的酒樓訂好了位置，一邊看燈，一邊與親朋故交吆五喝六地飲酒。其他人想訂座位也來不及了，所以《新編醉翁談錄》云：「都人欲為夜宴，而絕無可往處，人多故也。」燈展期間想找一家酒店吃飯都找不到位置，因為早被別人預訂一空了。

因為有皇帝與民同樂，因此潘樓街和御街的燈展是全城最盛大的，可是皇帝容易犯睏（上早朝必須早起，因而也必須早睡），到了三更（午夜）就回寢宮休息去了，所以潘樓街和御街的燈展也會早早地結束。如《東京夢華錄》云：

至三鼓，樓上以小紅紗燈球緣索而至半空，都人皆知車駕還內矣，須臾聞樓外擊鞭之聲，則山樓上下燈燭數十萬盞一時滅矣。

到了半夜十二點，從宣德樓上忽忽悠悠升起一盞小紅紗燈，在底下觀燈的市民瞧見了，知道皇帝老人家要回寢宮了。過了一會兒，又聽見一聲響鞭，啪，這是暗號，說明皇帝已經離開，於是幾十萬盞花燈同時熄滅，燈展宣告結束。

大家不要失望，這裡的燈展結束了，其他地方才剛剛開始。毫無睡意的百官和百姓轉移戰場，前往相國寺、大佛寺、保真宮、醴泉觀、馬行街、牛行街……因為這些地方也有燈展，而且會一直持續到天亮。

京城燈展如此熱鬧，小偷小摸實難避免。我們看宋話本，常能見到燈展期間丟失首飾、丟失錢包、丟失孩子、丟失家眷的故事。至於《水滸傳》中東京燈展，梁山好漢進京遊賞，導致李逵大鬧東京、殺傷人命，雖為小說家言，也不是不可能發生。

為了賞燈人眾的財產及生命安全，開封府官員實在是想盡了辦法。

首先是防火。宋朝時沒有消防車和高壓水槍，只能靠雲梯、火叉、鉤槍、水桶來滅火，因此在每一處燈棚旁邊，均設雲梯一架、巨桶一只、鋪兵（消防員警）若干名，桶中滿貯清水，以備滅火之用。

其次，為防止兒童走失，開封府各大坊巷均在社區之內搭設「小影戲棚子」，讓小孩子觀看。當時沒有動畫片，影戲藝人借助燈光、手勢、紙人和皮影在布景上投射出簡單有趣的動畫，確實能吸引小孩圍觀，使他們不至於到處亂跑，被壞人拐走。

再其次，開封府頗為重視殺雞儆猴的作用。據《東京夢華錄》記載，潘樓街展出棘盆燈的時候，「開封尹彈壓幕次，羅列罪人滿前，時復決遣，以警愚民。」在人群裡搜出竊人錢財的小偷和調戲婦女的流氓，當即拉到燈棚前示眾，或打板子、或處徒刑，讓那些蠢蠢欲動的壞蛋知道刑罰的厲害和做惡的後果，從而懸崖勒馬，不敢再為非作歹。

元宵美食嘗不盡

《歲時廣記》云：

京人以綠豆粉為蝌蚪羹。煮糯為丸，糖為臛，謂之「圓子」。鹽豉、撚頭，雜肉煮湯，謂之「鹽豉湯」，皆上元節食也。……上元日有「蠶絲飯」，搗米為之，朱綠之，玄黃之，南人以為盤飡。……上元日食焦䭔，最盛且久。

由此可見，蝌蚪羹、圓子、鹽豉湯、蠶絲飯、焦䭔，均為元宵節令食品。

「蝌蚪羹」是用綠豆粉做的，之所以名曰「蝌蚪」，是因為它的形狀很像蝌蚪。

宋朝人發明了無數種象形食品，蝌蚪羹應該算是做法最簡單的一種。有多簡單？聽我道來。綠豆用水泡透，在石磨裡磨成稀糊，端到鍋邊，舀到甑（古代蒸飯的炊具，狀如瓦盆，底部有很多小孔）裡，用手一壓，綠豆糊從甑底的窟窿眼掉下去，啪嗒啪嗒掉入熱水鍋，先沉底，再上浮，兩滾煮熟，笊籬撈出，沖涼，控水，拌上鹵汁，拌上青菜，就可以吃了。甑底的窟窿眼是圓的，所以漏下去的一小團一小團的麵糊也是圓的；它們漏下去的時候勢必受到一些阻力，藕斷絲連，拖泥帶水，所以每一小團麵糊都拖著一條小尾巴。圓腦袋，小尾巴，像不像小蝌蚪？當然像。所以宋朝人管這種食物叫蝌蚪羹。

「圓子」的做法在《歲時廣記》中已有簡介：「煮糯為丸，糖為臛。」糯米粉團成小圓球，用糖做餡，滾水煮熟。很明顯，宋朝的圓子就是今天的湯圓。

宋朝的湯圓並不總是用糖做餡。據《武林舊事》第二卷〈元夕〉一節記載，南宋杭州元宵餐桌上的美食既有「乳糖圓子」，又有「澄沙團子」，前者是糖餡湯圓，後者是豆沙餡湯圓，當然，豆沙餡也是要放糖的。

「鹽豉湯」的做法在《歲時廣記》中也有提到：「鹽豉、撚頭，雜肉煮湯，謂之鹽豉湯。」「鹽豉」即鹹豆豉，「撚頭」指的是油炸短麵條，俗稱「炸手指」，又叫「麻花頭」，「雜肉」則是摻雜肉類的意思。將鹹豆豉、炸手指配上肉類一起燉煮，就成了鹽豉湯。事實上，鹽豉湯在古代中國源遠流長，非常普及，它有很多種做法，換句話說，豆豉可以和很多種食材相配做湯。以豆豉為主料來煮湯的烹調方式目前在中國大陸已經絕跡，倒是在東鄰日本和韓國發揚光大——鹽豉湯曾經傳入日、韓，後來分別發展成為味噌湯和大醬湯。「蠶絲飯」實際上就是米粉，很細的米粉，狀如臺灣之麵線。不過這種米粉在加工時用天然顏料染了色，有紅、有綠、有黑、有黃，下鍋煮出來，盛到盤子裡，五彩繽紛，很喜慶。「焦䭔」又名「油䭔」、「糖䭔」，其中「䭔」這個字的發音與「堆」等同，糖䭔即是糖堆。說起糖堆，天津人會興奮起來，因為天津人一向管山楂做成糖葫蘆叫糖堆。

宋朝倒是有山楂，不過宋朝人還沒有學會把山楂加工成糖葫蘆，他們只用山楂切片做糕，或者用糖醃起來做蜜餞。

在宋朝，糖䭔是用一半麵粉、一半米粉，摻上砂糖，用手搓成小圓球。它不同於湯圓，因為湯圓是空心的，包餡；而糖䭔是實心的，糖和粉混在一起，搓成小圓球以後，再放到油鍋裡炸熟。從油鍋裡出來，它是脆的，「脆」在宋朝白話中等同於「焦」，故此人們又管糖䭔叫做焦䭔。

宋朝小販賣焦䭔是很有意思的。據北宋呂原明《歲時雜記》：

> 凡賣䭔必鳴鼓，謂之「䭔鼓」。每以竹架子出青傘，綴裝紅梅縷金小燈毬兒。竹架前後亦設燈籠，敲鼓應拍，團團轉走，謂之「打旋羅」。列街巷處處有之。

小販走街串巷叫賣焦䭔，一定是全副武裝：背後背著竹架，腰間懸著皮鼓，竹架前面罩一把青傘，青傘下面掛幾只燈籠。小販一邊走，一邊擊鼓，同時隨著擊鼓的節奏用另一隻手轉動傘柄，使青傘以及傘下的彩色小燈籠團團飛轉，好像走馬燈。

最是寂寞收燈時

元宵燈展是如此熱鬧，以至於憑空衍生出一項發財之道。據南宋周密《武林舊事》記載：

至夜闌，則有持小燈照路拾遺者，謂之「掃街」，遺鈿墮珥，往往得之，亦東都遺風也。

到了深夜，人群散去，街上仍有三三兩兩的行人提著燈籠，彎著腰，低著頭，像找鑰匙似的仔仔細細在地面上來回搜尋。原來看燈的時候人太多，擠得太厲害，常常有人不小心遺落首飾，這時候出來撿拾，總能發現意外收穫，不是撿到一串金項鍊，就是撿到一對玉手鐲。

撿遍了首飾，嘗遍了美食，看遍了花燈，正月十八來臨了。前面說過，宋太宗之後的北宋京城與南宋中葉之後的南宋京城都是張燈五夜，從正月十四傍晚到正月十八深夜，剛好是五個晚上，期限已滿，燈展結束，既漫長又熱鬧的春節終於畫上了句號。

正月十九凌晨，北宋大臣晏殊的〈正月十九日〉道：

樓臺寂寞收燈夜，里巷蕭條掃雪天。

十八當晚收燈之後，人聲鼎沸的都市突然安靜下來，火樹銀花的街巷很快暗淡下來，煙花散盡，繁華不再，大雪悄無聲息飄落在餘溫尚存的大地上，從激烈的喧鬧到寂寞的蕭條，巨大的落差讓人感到一陣悲傷。

同樣是在收燈之後，南宋狀元張孝祥卻另有一番心情，他的〈菩薩蠻〉有這麼兩句：

雪消牆角收燈後，野梅官柳春全透。

燈展已經結束，天街空無一人，可是在難耐的寂寞之中仍能發現幸福——牆角的積雪正在融化，溝旁的柳樹即將發芽，有一枝梅花越過牆頭斜探出來，寒冬已盡，暖春已至，歡樂的時光不但沒有結束，反而才剛剛開始……

【附錄一】

宋朝年俗簡表

節令	日期	習俗	飲食
冬至	舊曆十一月分 新曆十二月二十一日至二十三日之間	・凌晨互送節禮，早上進廟燒香，白天穿新衣逛街，親朋之間互相賀冬。 ・冬至前夕爲「冬除」，需祭祖，祭祖之後讓小孩守歲，大人休息。	餛飩（即今之餃子）
祭灶	臘月二十四	・白天備辦豬頭、鮮魚、餳糖、糖瓜、糖豆粥以及紙人、紙馬、紙元寶，傍晚祭祀灶君，送百神上天（或於次日早上送神）。富人還會請僧道至家中念經。夜間將油燈置於床下「照虛耗」。 ・自此日以後至除夕，百無禁忌，宋人開始打掃房間、採買年貨。	膠牙餳（即麥芽糖）、歡喜團（糯米丸）、糖豆粥

節令	日期	習俗	飲食
除日	臘月最後一天	・當晚祭祖，放鞭炮（在沒有鞭炮的地區，以爆竹或爆鹽代替鞭炮），放焰火，吃團圓飯，全家自幼至長依次暢飲屠蘇酒。 ・夜間燃起糝盆，小孩守歲，大人睡覺。 ・皇宮派出大隊人馬裝扮神鬼，巡遊全城。	餺飥（羹湯煮麵條）、春盤（用蔬菜、肉類或點心製作的花式拼盤）、屠蘇酒（用多種藥材浸泡的藥酒）
元日	正月初一	・早起貼門神、換桃板、釘桃符，然後進廟燒香，出門拜歲，按照年齡為孩子發放壓歲錢。 ・地方官為皇帝寄賀卡，京官進宮參加大朝會，大宋與鄰國互派使節賀歲。 ・從初一至初三，朝廷開放賭禁。	與除日相同
歸寧	正月初二至初七	・如父母健在，已嫁婦女在初二、初四、初六等雙日回娘家走親戚。 ・如父母已喪，則在初三、初五、初七等單日回娘家。	無特定飲食

送窮	正月初六或正月底	・此日拜祭窮鬼，送其出門。 ・各地風俗不同：或編馬車、紮小船，爲窮鬼雕刻塑像、備辦酒食，以非常隆重的儀式恭送之；或將家中糞穢鏟至街上，覆以煎餅。	無特定飲食
人日	正月初七	・此日可從天氣預測整年運氣。 ・在窗戶上雕畫人形，並在餕餡中包入書有官品的木牌，以此占卜孩子前途。	餕餡（用半發酵餡料包成的厚皮長包子）
元宵	正月十五	・或從十三至十六張燈三日，或從十三至十八張燈五日。 ・燈展期間，官民同樂，全城金吾不禁，縱人觀燈及觀看藝人表演。 ・女士及部分男士流行以花燈爲頭飾。	圓子（即湯圓）、焦䭔（麵粉與米粉摻糖爲丸，油炸而成）、蠶絲飯（染色米線）、蝌蚪羹（用綠豆粉做成的象形食品）、鹽豉湯（豆豉與麻花頭配肉煮湯）

【附錄二】

宋朝新年小辭典

上元節：簡稱「上元」，正月十五元宵節。在一般習俗中，過完元宵節，春節就結束了。

五色紙錢：即臺灣人所說的金銀紙，新年祭神時必不可少。

元日：宋朝又名「元旦」，就是大年初一，別名「開正」、「新正」。

元日大朝會：正月初一在宮廷內部舉行規模龐大的朝會。

斗飣柑橘：把柑橘堆疊成如縮微版的金字塔。

火楊梅：一種宋朝人戴在頭上的花燈。宋朝人流行將乾棗磨粉、搗炭為屑，將棗粉、炭屑拌在一起，澆上油蠟，團成圓球，用鐵枝串起來，點燃後放在頭頂，跟著主人上街鬧元宵。

冬至：二十四節氣之一，是宋朝人重視的節日之一，視為新年的暖身和彩排。大約於舊曆的十一月中旬，每年新曆十二月二十一日至二十三日之間。

冬至節禮：一般為兩碗米飯或者兩個饅頭，再加一碗餛飩，置於紅漆木盤之上，請小朋友分送。

冬除：冬至的前一晚。

打夜胡：又名「打野呵」，為宋朝方言，本指流動藝人沿街串戲，後指身有絕活的職業乞丐扮鬼嚇人討錢，他們在大年初一早上沿門挨戶討錢，街坊出錢讓他們離開，寓意趕走真正的惡鬼，就可討個吉利平安過大年了。

打馬：現代「麻將」的前身，參與人數從二個人到五個人，需用「打馬錢」搭配棋盤（請參考第一六五頁）使用，最先把打馬錢全部挪到最後一個方格者就勝出。「打馬錢」中間有孔，外圓內方，狀如銅錢，背面刻著造型各異的駿馬，正面刻著馬的名稱，例如「黃驃」、「赤兔」、「烏騅」、「的盧」等。

回頭鹿馬：宋朝流行的年畫之一，為一隻扭頭回望的鹿。「鹿」與「祿」諧音，寓意祿神照命，孩子長大了能做官。

守歲：除夕一夜不睡，就宋朝大部分地區而言，通常是小孩值夜而大人休息。

百事吉：宋朝人過年時在餐桌上擺放的一種吉祥物，他們將柿子、橘子和柏枝放到同一個盤子裡，先將柏枝折斷，再依次掰開柿子和橘子，是為「柏柿橘」，寓意「百事吉」。

米餌：又叫「歡喜團」，是用蜂蜜拌成的糯米丸子。

羊腔：即腔羊，去除羊皮和內臟的全羊。

別歲：親朋好友互請赴宴。

投壺：宋朝的遊戲之一，就是拿著竹箭往酒壺的方向投過去，投進酒壺可以得分。

果子：各種水果、乾果以及蜜餞。

花餳：又叫「膠牙餳」，用麥芽糖煎熬成半固態的花式糖果，是宋朝小孩子守歲時必備的宵夜零食。

金彩：用絲綢和彩紙剪紮而成的長條狀裝飾物，於除日懸掛在大門之上和廳堂正中，類似今日臺灣的「結綵」。

春盤：最早叫「五辛盤」，由於宋朝經濟繁榮，食物較為豐富，春盤不只五辛，也有臘肉和其他蔬菜了。春盤用途頗為廣泛，可用於祭祖、做為年夜飯的菜色，正月初一還可用於親朋好友之間互相饋送，到了立春，春盤更是每家每戶的主食。

庭燎：除夕時，宋朝人常在院子裡的空地燃起一堆明火，讓小孩子往火堆裡扔竹竿，在火苗的炙烤下，竹竿劈劈啪啪地爆開，發出的聲音據說可以驅鬼。

桃板：春聯的早期形態，多為桃木鋸成的兩塊薄木板，長二、三尺，寬四、五寸，厚不足半寸，上刻神像，下書文字，一左一右貼在門框之上，很像現在的春聯。

桃符：兩枚長僅七‧八寸的細木條，多豎插在門框下面的泥土中。

財門鈍驢：宋朝流行的年畫之一，為一頭馱著兩大筐乾柴的胖驢，「柴」與「財」諧音，寓意來年發大財。

送窮：即送走窮鬼之意，北宋送窮多半在正月初六。宋朝人會從院子裡的垃圾堆上鏟起糞穢之物，用七張小煎餅蓋在上面，鏟到大街上，往地上一倒，然後回家，送窮的儀式就結束了。

酒簷：盛放年酒的容器，多為造型美觀的紅漆木桶，有蓋、有提把，提把上還罩著一層小小的木製屋頂。用這種容器饋送年酒，比較喜慶，也比較有面子。

排冬仗：冬至清早，六品以上的京官進宮向皇帝拜年。

排正仗：大年初一早上，七品以上的京官進宮給皇帝拜年。

屠蘇酒：藥酒的一種，宋朝流行用大黃、蜀椒、桔梗、桂心、防風、白朮、虎杖、烏頭等八種藥材在臘月初八那天用井水泡製一夜，然後倒進酒罈，至除夕飲用。由於酒精濃度低，宋朝人吃年夜飯的時候，男女老幼，無人不飲。

探酸餡：別名「探繭」，宋朝人習慣在正月初七吃「酸餡」（以發酵過的餡料做成的厚皮包子），並在某些包子裡包入寫有官銜的紙條或者小木牌，讓吃到的人討個吉利。

祭灶：宋朝人在臘月二十四同時祭灶、送神，稱為「交年」，除了燒化紙錢、紙紮馬，也會用酒菜、糖豆粥、麥芽糖等甜食供奉灶君及送百神上天，表現對灶君的禮敬和收買。

棘盆燈：宋朝人在元宵期間最龐大、最複雜的花燈長龍，通常放在皇宮南門宣德門外的「潘樓街」，也是讓皇帝和臣民共同觀賞花燈與表演的集大成。

焦䭔：又名「油䭔」、「糖䭔」，「䭔」的發音與「堆」相同，糖䭔即是糖堆。是用一半麵粉、一半米粉，加上砂糖搓成的小圓球，再放到油鍋裡炸熟。也是宋朝人的元宵美食之一。

賀冬表：冬至時，地方官呈給皇帝的吉祥話。

賀正表：新年時期，地方官呈給皇帝的吉祥話。

順天行化：宋朝唯一的春聯橫批，也是宋朝人口中常說的「天行帖子」、「天行貼兒」，反應宋朝人祈求避免瘟疫的心願，以及對上天的敬畏。

圓子：就是今天的湯圓，是宋朝人的元宵美食之一。

新曆：也稱「新曆書」，宋代曆書由朝廷頒行，詳載一年節氣與吉凶宜忌，每到年尾，必須扔掉舊曆，換上新曆。（此處的「新曆」不是今天所使用的西曆）

歲除：初一的前一晚。

照虛耗：臘月二十四夜裡，送走灶君以後，宋朝人會點燃一盞盞油燈，送入床底，從深夜點到天亮，藉以驅走在家中搗亂的「虛耗」。

幡勝：和「縷花」相似，但不是花朵，而是蝴蝶、飛蛾、燕子、雄雞等動物造型，製作材料除了綢布和彩紙，還有金屬幡勝，如錫幡勝、銀幡勝、金幡勝等。過年時也會插在頭上。

蝌蚪羹：宋朝人用綠豆粉做成的麵食，因麵糊圓腦袋又拖著小尾巴，因而得名。

燒替代：焚燒金銀紙製作的假元寶。

錦裝：即新衣服，宋朝新年和今天一樣，會在初一換上新衣服。

隨年錢：就是宋朝的壓歲錢，年齡愈長領發愈多。

糖棍兒：米粉和澱粉加工油炸後，以糖漿蘸透再滾上芝麻的甜食，宋朝祭灶常用。

糖稀：用糯米和麥芽熬成的麥芽糖漿，宋朝祭灶的甜食之一。

頭錢：賭博時專用的銅錢，數目多為三枚。

餛飩：即今天日的餃子，宋朝人冬至的主食。

糝盆：炭火盆。春節天寒，尤其除日當晚，小孩守歲，院子或者廳堂門口常會放火盆，盆中貯炭，從吃年夜飯起，一直燒到天亮。

縷花：將綢布和彩紙剪成花朵形狀，過年時插在頭上。

擺春盤：將不截斷的新鮮蔬菜擺放盤裡，上下疊壓好幾層，再將頂黏紙花的線香插在上面。

歸寧：現代習俗中，女子出嫁、生子後，常在初二回娘家。在宋朝，若娘家父母健在，可於初二、初四、初六任擇一日回娘家；如娘家父母已去世，則改於初三、初七回去探望兄弟。

餺飥：宋朝年夜飯的主食，用菜羹或肉羹煮熟的麵條，由於冬至吃餃子，除夕吃麵條，冬至比年夜飯更豐盛，所以北宋有「肥冬瘦年」以及「冬餛飩，年餺飥」這樣的民諺。

臘日：臘月初八，為佛陀成道節，據說在這天加工的食品不受蟲蛀，保存期限較長，故宋朝人多在臘日製作臘藥、釀臘酒、燻臘肉、醃臘魚，以備過年。

關撲：又叫「撲賣」，類似現在的摸彩銷售，為宋朝人購買年貨的方式之一，由於帶有濃厚的賭博性質，唯有春節期間才暫時開放，允許商家光明正大引誘顧客上當。

饋歲：親鄰之間互送年禮。

饋歲盤盒：宋朝人用以盛放年禮的容器，一般為紅漆木盤，上面有蓋，蓋上刻著「吉慶有餘」之類的吉祥話，讓親朋好友方便用來互相饋送年禮。

攧錢：宋朝新年最為普及的博戲。取三枚銅錢擲於地，視其正面或背面朝上論輸贏。

蠶絲飯：宋朝人的元宵美食之一，是一種很細的米粉，狀如今日台灣的麵線，宋朝人以天然顏料染色，下鍋後紅、綠、黑、黃盛到盤子裡，五彩繽紛，相當喜氣。

鹽豉湯：宋朝人的元宵美食之一，將鹹豆豉、炸手指（油炸短麵條）配上肉類一起燉煮而成的湯。

【附錄三】

主要參考書目

1.陳元靚《歲時廣記》，北京商務印書館一九三五年版
2.孟元老《東京夢華錄》，中州古籍出版社二〇一〇年版
3.吳自牧《夢粱錄》，浙江人民出版社一九八四年版
4.周密《武林舊事》，中華書局二〇〇七年版
5.周密《齊東野語》，上海古籍出版社二〇一二年版
6.金盈之《新編醉翁談錄》，古典文學出版社一九八五年版
7.洪邁《容齋隨筆》，中華書局二〇〇七年版
8.徐松《宋會要輯稿》，上海古籍出版社二〇一四年版
9.湯勤福、王志躍《宋史禮志辯證》，上海三聯書店二〇一一年版

10.洪邁《夷堅志》，重慶出版社一九九六年版
11.洪楩《清平山堂話本》，上海古籍出版社一九九二年版
12.程毅中《宋元小說家話本集》，齊魯書社二〇〇〇年版
13.陸游《渭南文集》，吉林出版集團二〇〇五年版
14.陸游《劍南詩稿》，嶽麓書社一九九八年版
15.曾棗莊、舒大剛《三蘇全書》，語文出版社二〇〇一年版
16.孔凡禮《三蘇年譜》，北京古籍出版社二〇〇四年版
17.朱瑞熙等《宋遼西夏金社會生活史》，中國社會科學出版社一九九八年版
18.程民生《宋代物價研究》，人民出版社二〇〇八年版
19.王弘力《古代風俗百圖》，遼寧美術出版社二〇〇六年版
20.邱德宏、王灝《臺灣年俗》，臺灣財經出版事業股份有限公司二〇〇六年版

HISTORY系列 016

過一個歡樂的宋朝新年

作　　者—李開周
插　　圖—燕王WF
主　　編—邱憶伶
責任編輯—陳珮真
責任企畫—葉蘭芳
封面設計—莊謹銘
內頁設計—時報出版美術製作中心群

董 事 長—趙政岷
出 版 者—時報文化出版企業股份有限公司
一〇八〇一九　臺北市和平西路三段二四〇號三樓
發行專線—（〇二）二三〇六六八四二
讀者服務專線—〇八〇〇—二三一七〇五・（〇二）二三〇四七一〇三
讀者服務傳真—（〇二）二三〇四六八五八
郵撥—一九三四四七二四時報文化出版公司
信箱—一〇八九九臺北華江橋郵局第九十九信箱

時報悅讀網—http://www.readingtimes.com.tw
讀者服務信箱—newstudy@readingtimes.com.tw
時報出版愛讀者粉絲團—http://www.facebook.com/readingtimes.2
法律顧問—理律法律事務所 陳長文律師、李念祖律師
印　　刷—勁達印刷有限公司
初版一刷—二〇一六年一月八日
初版十二刷—二〇二二年十二月三十日
定　　價—新臺幣二八〇元

時報文化出版公司成立於一九七五年，
並於一九九九年股票上櫃公開發行，於二〇〇八年脫離中時集團非屬旺中，
以「尊重智慧與創意的文化事業」為信念。

過一個歡樂的宋朝新年 / 李開周著.
-- 初版. -- 臺北市 : 時報文化, 2016.01
面 ;　公分. -- (HISTORY系列 ; 16)
ISBN 978-957-13-6521-3(平裝)

1.春節 2.年俗 3.宋代

538.782　　104028492

ISBN 978-957-13-6521-3
Printed in Taiwan